Charles G. Leland

Aradia
O Evangelho das Bruxas

Tradutor:
Silvia Mariangela Spada

MADRAS®

Traduzido originalmente do inglês sob o título *Aradia or the Gospel of the Witches*.

Editor:
Wagner Veneziani Costa (*in memoriam*)

Produção e Capa:
Equipe Técnica Madras

Tradução:
Silvia Mariangela Spada

Revisão:
Verônica Rita Zanatta
Afonso de Oliveira Barbosa
Vera Lucia Quintanilha

Dados Internacionais de Catalogação na Publicação (CIP)
(Câmara Brasileira do Livro, SP, Brasil)

Geland, Charles G.
Aradia: o evangelho das bruxas/Charles G. Geland; tradutor Silvia Mariangela Spada]. – 4. ed. – São Paulo: Madras, 2024.
Título original: Aradia, or, The gospel of the witches.

ISBN 978-85-370-1039-6

1. Bruxaria I. Título.

16-09160 CDD-133.43

Índices para catálogo sistemático:
1. Bruxaria: Ocultismo 133.43

MADRAS EDITORA LTDA.
Rua Paulo Gonçalves, 88 — Santana
CEP: 02403-020 — São Paulo/SP
Tel.: (11) 2281-5555 – (11) 98128-7754
www.madras.com.br

Índice

Prefácio

Se o leitor já teve a oportunidade de ler a obra do conhecido folclorista G. Pitré, ou artigos de "Lady Vere De Vere" para a *Rivista Italian*, ou de J. H. Andrews para *Folk -Lore*,[1] terá conhecimento de que na Itália existem numerosas *strege*, adivinhas ou bruxas que utilizam cartas para fazer suas previsões, realizam estranhas cerimônias, nas quais, supostamente, há invocação de espíritos; fabricam e vendem amuletos e, de fato, geralmente têm um comportamento que faz jus à sua reputação, sejam elas adeptas do Vodu Negro, na América, ou feiticeiras em qualquer outra parte do mundo.

Porém, sob certos aspectos, a *strega* italiana, ou feiticeira , tem um caráter peculiar. Na maioria das vezes, provém de uma família na qual sua vocação, ou arte, vem sendo praticada há muitas gerações. Sem dúvida há casos de uma ancestralidade que data da época medieval, romana ou talvez etrusca. Naturalmente, o resultado é o acúmulo de uma excepcional tradição nessas famílias. No entanto, no norte da Itália, como indica sua literatura, salvo alguns

1. Março, 1897: *"Napolitan [Neapolitan] Witchcraft"*.

poucos contos de fadas e superstições populares colhidos por estudiosos, nunca houve o menor interesse pela estranha sabedoria das bruxas, nem sequer a suspeita de que pudesse abranger a incrível quantidade de mitos antigos e lendas romanas menores, como os registrados por Ovídio, muitos dos quais escaparam não apenas à sua percepção, mas também à de outros escritores latinos.[2]

Essa ignorância se devia, em grande parte, às próprias bruxas, que mantinham como altamente secretas todas as suas tradições, constrangidas pelo temor do clero. Mas, na verdade, de forma inconsciente, os padres até contribuíram muito para a preservação dessa sabedoria, tendo em vista a grande atração que exercem o proibido e a bruxaria sobre o povo, assim como a trufa que cresce melhor e cujo sabor mais se acentua quando profundamente escondida. Entretanto, sacerdote e feiticeiro, da mesma forma, estão hoje desaparecendo com incrível rapidez – até causou perplexidade a um escritor francês a presença de um franciscano em um trem, como se o fato fosse uma estranha anomalia – e, ao que tudo indica, alguns anos mais dessa era de jornais e bicicletas serão suficientes para causar seu total desaparecimento. (Só Deus sabe o que será quando surgirem as máquinas voadoras!)*

Contudo, a despeito desse lento desaparecimento, ainda há pessoas idosas, na Romagna do Norte, que sabem os nomes

2. Assim, podemos imaginar qual não teria sido o caso dos contos de fada alemães, se nada tivesse sobrevivido para os dias futuros, a não ser as coleções de Grimm e Musaeus. O mundo estaria convicto de que estes seriam os únicos textos existentes do gênero, quando, na verdade, constituem apenas uma pequena parcela de um todo. E o folclore era desconhecido para os autores clássicos: não há realmente evidência de que um antigo escritor latino tenha reunido tradições e similares entre o povo, como ocorre hoje. Todos escreviam suas obras a partir de outros livros – e hoje ainda há "alguns remanescentes do mesmo tipo" de literatos.

* N. do T.: Obviamente, trata-se de observação feita em 1899 ou por volta desse ano.

etruscos dos Doze Deuses bem como as invocações a Baco, Júpiter e Vênus, Mercúrio e Lares, ou espíritos ancestrais; e nas cidades há mulheres que preparam estranhos amuletos sobre os quais murmuram encantamentos, todos conhecidos na época da antiga Roma, e que podem surpreender até mesmo os especialistas por suas lendas de deuses latinos, entremeadas à sabedoria encontrada em Catão ou Teócrito.

Em 1886, tive contato pessoal com uma dessas mulheres e, desde então, a incumbi especialmente de colher, entre suas irmãs de feitiçaria oculta de vários lugares, todas as velhas tradições conhecidas. Verdade é que também recorri a várias outras fontes, porém, em razão da longa experiência, essa mulher havia aprendido perfeitamente uma prática que poucos compreendem – ou exatamente aquilo que eu queria – como obter esse conhecimento de outras praticantes.

Entre outras estranhas relíquias, ela conseguiu obter, depois de muitos anos, o "Evangelho" apresentado a seguir, cujo manuscrito possuo, em redação de seu próprio punho. Uma descrição completa e detalhada de sua natureza é apresentada no Apêndice. Não sei bem ao certo se parte dessas tradições, minha informante extraiu de fontes *escritas* ou narrativas orais, mas acredito que tenha sido principalmente dessas últimas. Porém, algumas bruxas copiam ou preservam documentos relativos à sua arte. Não vi mais minha informante depois que me enviou o "Evangelho". Espero um dia obter ainda melhores informações.

Em poucas palavras, pode-se dizer que a bruxaria é conhecida como *la vecchia religione*, ou antiga religião, sendo Diana a Deusa e sua filha *Aradia* (ou Herodias) o Messias feminino, seu nascimento, como desceu à terra e instituiu as bruxas e a bruxaria, retornando então aos céus, são temas apresentados nessa pequena obra. Também fazem parte as cerimônias e invocações ou encantamentos a *Diana* e *Aradia*, o exorcismo de Caim e os feitiços da pedra sagrada, da arruda e da verbena que, segundo afirma o texto, integram o que se pode considerar uma celebração religiosa regular, para entoar ou recitar em encontros de bruxas. Além disso, também se incluem os singulares encantamentos ou bênçãos do mel, do trigo ou pão e sal, ou os bolos da refeição das bruxas, curiosamente clássicos, e um nítido vestígio dos Mistérios Romanos.

Se todas as cerimônias e encantamentos que integram as Escrituras da Bruxaria fossem acrescentados, esse trabalho poderia estender-se *ad infinitum*, porém, grande parte pode ser encontrada em minhas obras *Etruscan-Roman Remains* e *Legends of Florence*, pois relutei em organizar um tal volume por não ter certeza de existir um número suficiente de leitores interessados em adquiri-lo.

Depois de concluído esse trabalho, chegou-me às mãos um livro muito inteligente e interessante intitulado *Il Romanzo dei Settimani*, de G. Cavagnari, de 1889, no qual, em forma romanceada, o autor descreve as maneiras de agir e pensar e em especial a natureza da bruxaria bem como as inúmeras superstições correntes entre camponeses da Lombardia. Infelizmente, a despeito de um grande conhecimento do assunto, em nenhum momento parece ter ocorrido ao autor que tradições do gênero não eram absurdos perniciosos ou loucuras abomináveis de não cristãos. Seu conteúdo, um verdadeiro *cor cordium* da história, farto de relíquias maravilhosas da antiga mitologia e folclore valioso, passou-lhe tão despercebido quanto o seria a um *Zoccolone* ou a um franciscano mendicante.

No texto, pode-se até imaginar que um homem, conhecendo uma bruxa realmente empenhada em matar sete pessoas, em um cerimonial ou rito, a fim de adquirir o segredo da perpétua riqueza, tivesse a suspeita de que uma feiticeira de tal porte fosse a detentora de um cabedal de lendas extraordinárias; mas não há vestígios disso, e é muito evidente que nem sequer passou pela cabeça desse autor que algo *interessante* de um ponto de vista mais elevado ou genial pudesse haver em toda a trama.

Enfim, é uma obra que, como muitas outras, aborda temas como fantasmas e superstições, que aliás já caíram no descrédito, e por isso seus autores cedem à sátira por ser mais segura, porém barata, de um assunto considerado simplesmente vulgar e falso. São autores que, como Sir Charles Coldstream, chegaram até a cratera do Vesúvio, ao final de uma "erupção", e "nada encontraram" ali. No entanto havia algo ali; e para o homem de ciência – o que não era o caso do senhor Charles – ainda há muito a descobrir em suas ruínas, como também há Pompeia e Herculano para o antiquário –, segundo dizem, ainda restam *sete* cidades soterradas a serem descobertas. Fiz o pouco que pude (muito pouco realmente) para desenterrar algo do vulcão adormecido da bruxaria italiana.

Mas se a bruxaria italiana é abordada dessa forma pelo mais inteligente escritor a fazer sua descrição, não é de se admirar que poucos se interessem em saber da existência de um verdadeiro Evangelho das Bruxas, aparentemente de extrema antiguidade, cujo conteúdo é a crença em uma estranha contra-religião que sobrevive desde os tempos pré-históricos até o presente. "A Bruxaria é um amontoado de tolices, ou pior", diziam os antigos escritores, "e, portanto, todas as obras sobre o assunto não são melhores que isso". Desejo, porém, sinceramente que estas páginas caiam em mãos dos poucos indivíduos que, pelo menos, as valorizem.

Devo deixar claro, porém, fazendo justiça aos que se preocupam em explorar meandros escuros e fantásticos, que a sabedoria das bruxas está escrupulosamente oculta a todos na Itália, com pouquíssimas exceções, como ocorre também entre os Medas Chippeway ou no Vodu Negro. No romance da vida de *I Settimani*, o autor faz a representação de uma aspirante que convive com uma bruxa e durante anos a fio adquire ou recolhe, a duras penas, migalha por migalha, seus feitiços e encantamentos. Contou-me meu finado amigo, M. Dragomanoff, que um certo homem, na Hungria, ao saber que ele havia colhido muitos encantamentos (mais tarde publicados em jornais sobre folclore), os roubou em seu quarto de estudante, copiando-os secretamente, de forma que no ano seguinte, ao retornar, Dragomanoff encontrou o ladrão em plena atividade de mago bem-sucedido. Na verdade, não eram muitos, ele só havia conseguido uma dúzia de encantamentos, ou um pouco mais, porém o pouco vale muito nesse negócio, e até me arrisco a dizer que dificilmente uma bruxa na Itália sabe quantos já publiquei, pois foram assiduamente colhidos de diversas fontes em vários lugares. Além disso, escritos desse tipo em geral são escrupulosamente destruídos por sacerdotes ou penitentes, ou até por um grande número de indivíduos que, por temor supersticioso, se recusa até mesmo a ter tais documentos sob o mesmo teto, por isso, considero a recuperação do *Vangelo* (Evangelho) algo, no mínimo, notável.

Capítulo I

Como Diana Deu à Luz Aradia (Herodias)

"É Diana! Vejam!
Ela surge no crescente!"

– *Endymion* de Keats

"Que em sua noite de núpcias
Brilhe ainda mais o crescente da Rainha das Estrelas."

– Ib.

Este é o Evangelho (*Vangelo*) das Bruxas:

Grande era o amor de Diana por seu irmão Lúcifer, deus do Sol e da Lua, deus da Luz (*Esplendor*), que fora expulso do Paraíso por ser muito orgulhoso de sua beleza.

Diana concebera uma filha de seu irmão, a quem chamaram Aradia (isto é, Herodias).

Era um tempo em que muitos eram os ricos e os pobres na Terra.

Os ricos faziam dos pobres seus escravos.

Naquela época, muitos escravos recebiam tratamento cruel; havia torturas em cada palácio e prisioneiros em cada castelo. Muitos escravos conseguiam escapar. Fugiam para os campos, tornando-se ladrões e perversos. À noite, em vez de dormir, planejavam a fuga, roubavam seus senhores e depois os matavam. Assim, para evitar a escravidão, viviam nas montanhas e florestas como assaltantes e assassinos.

Um dia, disse Diana à sua filha Aradia:

E vero che tu sei uno spirito,
Ma tu set nata per essere ancora.
Mortale, e tu devi andare
Sulla terra e fare da maestra
A donne e a' uomini che avranno
Volentà di inparare la tua scuola
Che sara composta di stregonerie.
Non devi essere come la figlia di Caino,
E della razza che sono devenuti
Scellerati infami a causa dei maltrattamenti,
Come Giudei e Zingari,
Tutti ladri e briganti,
Tu non divieni...
Tu sarai (sempre) la prima strega,
La prima strega divenuta nel mondo,
Tu insegnerai l'arte di avvelenare,
Di avvelenare (tutti) i signori,
Di farli morti nei loro palazzi,
Di legare il spirito del oppressore,
E dove si trova un contadino ricco e avaro,
Insegnare alle strege tue alunne,
Come rovinare suo raccolto
Con tempesta, folgore e balen,
Con grandine e vento.

Quando un prete ti fara del male,
Del male colle sue bene di'Zioni,
Tu le farei (sempre) un doppio male
Col mio nome, col nome di Diana,
Regina delle streghe...
Quando i nobili e prete vi diranno
Dovete credere nel Padre, Figlio,
E Maria, rispondete gli sempre,
"Il vostro dio Padre e Maria
Sono tre diavoli...
Il vero dio Padre non e il vostro –
Il vostro dio – io sono venuta
Per distruggere la gente cattiva
E la distruggero....
"Voi altri poveri soffrite anche la fame,
E lavorato malo e molte volte;
Soffrite anche la prigione;
Mapero avete una anima,
Una anima più buona, e nell'altra,
Nell'altra mondo voi starete bene,
E gli altri male."...

Tradução

És, na verdade, um espírito,
Mas nasceste para ser também
Mortal, e descerás à terra
Para seres mestra de homens e mulheres
Que de boa vontade desejem aprender
Em tua escola, que será a bruxaria.
Nunca serás como a filha de Caim,

Nem como a raça que se transformou,
Pelo sofrimento, em perversa e infame,
Como os judeus e os ciganos errantes –
Todos ladrões e facínoras –
Não serás...
Serás (sempre) a primeira dentre as bruxas;
A primeira a vir a este mundo;
Ensinarás a arte do envenenamento,
Para envenenar a todos os senhores;
E fazê-los morrer em seus palácios;
E assim submeter o espírito do opressor (com o poder),[3]
E ao encontrares um camponês rico e avaro,
Ensinarás às bruxas, tuas discípulas,
Como lhes arruinar as colheitas,
Com a tempestade, o trovão e o raio (terríveis),
Com o granizo e o vento...
Quando um padre o mal te causar
Com suas bênçãos,
Hás de fazer-lhe sempre um duplo mal
Em meu nome, o nome de *Diana*,
Rainha das Bruxas...

Quando o nobre e o padre disserem
Que deves crer no Pai, no Filho,
E em Maria, tua resposta há de ser sempre:
"Vosso Deus, o Pai e Maria
São três demônios...
Pois o verdadeiro Deus-Pai não é vosso;
Vim para destruir os maus,

3. Submissão e paralisação das faculdades humanas por meio de bruxaria.

E os destruirei...
Vós que sois pobres e de fome sofreis,
Em miséria labutais e, muitas vezes,
Sofreis ainda a prisão,
Tendes também uma alma,
E por vossos sofrimentos
Felizes sereis no outro mundo,
E mau destino terão
Todos os que vos fizeram o mal!"

Depois de instruída a trabalhar com a bruxaria, a destruir a raça maligna (de opressores), Aradia (que compartilhou com suas discípulas) lhes disse:

Quando io saro partita da questo mondo,
Qualunque cosa che avrete bisogna,
Una volta al mese quando la luna
E piena...
Dovete venire in luogo deserto,
In una selva tutte insieme,
E adorare lo spirito potente
Di mia madre Diana, *e chi vorra*
Imparare la stregonerie,
Che non la sopra,
Mia madre le insegnera,
Tutte cose....
Sarete liberi della schiavitù!
E cosi diverrete tutti liberi!
Pero uomini e donne
Sarete tutti nudi, per fino.
Che non sara morto l'ultimo
Degli oppressori e morto,

Farete il giuoco della moccola
Di Benevento, e farete poi
Una cena cosi:

Tradução

Quando já não estiver neste mundo,
Sempre que necessitardes de algo,
Uma vez ao mês, quando a Lua
Estiver cheia...
Deveis todos vos reunir num lugar deserto,
Ou floresta,
Para adorar o espírito poderoso de vossa rainha,
Minha mãe, a grande *Diana*,
e quem quiser aprender bruxaria,
Mas ainda não domina seus mais íntimos segredos,
Minha mãe vos ensinará,
Em verdade, todas as coisas...
E livres estareis da escravidão,
E livres sereis em todas as coisas;
Homens e mulheres devereis
Estar desnudos durante vossos ritos,
Até que morra o último opressor,
Fareis o jogo de Benevento
E depois uma refeição assim:

Capítulo II

O Sabá, Treguenda ou Encontro de Bruxas: Como Consagrar a Refeição

A refeição, e em que deve consistir, é apresentada a seguir, assim como as palavras a serem proferidas e o procedimento para sua consagração a Diana. Com trigo e sal, mel e água, faça este encantamento:

Scongiurazione della Farina

Scongiuro te, o farina!
Che sei il corpo nostro – senza di te
Non si potrebbe vivere – tu che
Prima di divenire la farina,
Sei stata sotto terra, dove tutti
Sono nascosti tutti in segreti,
Maccinata che siei a metterte al vento,
Tu spolveri per l'aria e te ne fuggi

Portando con te i tuoi segreti!
Ma quando grano sarai in spighe,
In spige belle che le lucciole,
Vengeno a farti lume perche tu
Possa crescere piú bella, altrimenti
Tu non potresti crescere a divenire bella,
Dunque anche tu appartieni
Alle Strege o alle Fate, perche
Le lucciole appartengono
Al sol...
Lucciola caporala,
Vieni corri e vieni a gara,
Metti la briglia a la cavalla!
Metti la briglia al figluolo del ré!
Vieni, corri e portala a mé!
Il figluol del ré te lasciera andare
Pero voglio te pigliare,
Giache siei bella e lucente,
Ti voglio mettere sotto un bicchiere
E quardarti colla lente;
Sotto un bicchiere in staraí
Fino che tutti i segreti,
Di questo mondo e di quell'altro non mi farai
Sapere e anche quelle del grano,
E della farina appena,
Questi segreti io saprò,
Lucciola mia libera ti lascieró
Quando i segreti della terra io sapró
Tu sia benedetta ti diro!

Conjuração do Trigo

Conjuro-te, ó trigo! Que és o nosso corpo –
E sem ti não podemos viver –
Antes de floresceres (foste primeiro semente)
Germinaste sob a terra
Onde se ocultam todos os segredos,
Depois, moído o grão,
Bailaste no ar como poeira ao vento,
Levando contigo em teu voo
Estranhos segredos!
Quando, ainda na espiga, já eras então
O grão brilhante (dourado) e sobre ti
Lançavam-te os vaga-lumes sua luz[4]
E ajudavam o teu crescimento,
Pois, sem este auxílio,
Não crescerias, nem belo te tornarias;
Portanto, pertences à raça
De bruxas ou fadas, e porque
Os vaga-lumes pertencem ao Sol...

Apressa-te, Rainha dos Vaga-lumes![5]
Vem a mim agora, a toda brida,
Arreia teu cavalo ao ouvires meu canto
Arreia, ó arreia o filho do rei!
Vem depressa trazê-lo a mim!
O filho do rei logo irá libertá-lo!
E, sendo sempre bela e luminosa,

---

4. Aqui há uma evidente associação entre o corpo do vaga-lume (muito semelhante a um grão de trigo) com o grão dourado.

5. As seis linhas subseqüentes são geralmente ouvidas como uma rima infantil.

Sob um copo de vidro vou capturá-la,
E, com uma lente, estudarei teus segredos,
Até que todos os luminosos mistérios
Sejam-me inteiramente revelados,
Sim, toda a maravilhosa
E desconcertante sabedoria
Desta vida de nossa cruz e da próxima.
Conhecerei então todos os mistérios,
Sim, até os contidos no último dos grãos
E por fim, quando tudo realmente conhecer.
Vaga-lume, deixarei que te vás em liberdade,
E, quando desvendar da Terra
Os sombrios segredos,
Minhas bênçãos finalmente hei de te dar!

Scongiurazione del Sale

Scongiuro il sale suona mezza giòrno,
In punto in mezzo a un fiume,
Entro e qui miro l'acqua.
L'acqua e al sol altro non penso,
Che a l'acqua e al sol, alloro
La mia menta tutta e rivolta,
Altro pensier non ho desidero,
Saper la verissima che tanto tempo é
Che soffro, vorrei saper il mio avenir,
Se cattivo fosse, acqua e sol
Migliorate il destino mio!

Conjuração do Sal

Eu te conjuro, ó Sal. Veja, é meio-dia!
Exatamente no meio de um regato,

Assumo o meu lugar e olho a água ao meu redor,
Faço como o sol, e em nada mais penso,
Enquanto estou junto à água e ao sol:
Pois realmente é para eles
Que a minha alma está voltada;
Só desejo, sem qualquer outro pensamento,
Conhecer a verdade das verdades,
Que há tempos me faz sofrer por este anseio
De conhecer meu futuro ou destino iminente,
Se o Bem ou o Mal prevalecerá,
Água e sol, sede vós benevolentes!

Scongiurazione di Caïno

Tuo Caïno, tu non possa aver
Ne pace e ne bene fino che
Dal sole[6] *andate non sarai coi piedi*
Correndo, le mani battendo,
E pregarlo per me che mi faccia sapere,
Il mio destino, se cattiva fosse,
Allora me to faccia cambiare,
Se questa grazia mi farete,
L'acqua al lo splendor del sol la guardero:
E tu Caïno colla tua bocca mi dirai
Il mio destino quale sarà:
Se questa grazia o Caïno non mi farai,
Pace e bene non avrai!

6. Provavelmente um erro onde deveria ser *Lua*.

Conjuração de Caim

Eu te conjuro, ó Caim, pois nunca terás
Descanso ou paz,
Enquanto não fores libertado do Sol,
Onde te encontras cativo,[7]
E tens de vir em rápida corrida,
agitando as mãos:
Peço-te, revela meu destino:
E, se infeliz, altera seu curso para mim!
Se esta graça me for concedida,
Verei claramente na água
E no esplendor do Sol;
E tu, ó Caim,
Dirás, com tuas palavras,
Qual será o meu destino.
Mas, se esta graça não for concedida
Que jamais tenhas paz ou alegria!

Scongiurazione a Diana.

Faça bolos de farinha de trigo, vinho, sal e mel na forma de uma lua (crescente ou com chifres), que são postos para assar, com as palavras:

Non cuoco ne il pane ne il sale,
Non cuoco ne il vino ne il miele,
Cuoco il corpo il sangue e l'anima,
L'anima di Diana, *che non possa*
Avere ne la pace e ne bene,

7. Isso sugere aquecimento, uma prova positiva de que deveria ser *Lua* em vez de *Sol*. Segundo outra lenda, Caim sofre de frio na Lua.

Possa essere sempre in mezzo alle pene
Fino che la grazia non mi farà,
Che glielo chiesta egliela chiedo di cuore!
Se questa grazia, o Diana, *mi farai,*
La cena in tua lode in molti la faremo,
Mangiaremo, beveremo,
Balleremo, salteremo,
Se questa grazia che ti ho chiesta,
Se questa grazia tu mi farai,
Nel tempo che balliamo,
Il lume spengnerai,
Cosi al l'amore
Liberamente la faremo!

Conjuração de Diana

Não asso o pão com o sal,
Nem cozinho o mel com o vinho,
Asso o corpo, o sangue e a alma,
A alma da (grande) *Diana*, para que assim
Não tenhas paz nem descanso, e sempre
Estejas em cruel sofrimento,
Enquanto não atenderes meu pedido,
Meu mais caro desejo,
Que te suplico de todo o coração!
E se a graça me concederes, ó, *Diana*!
Em tua honra farei um banquete,
Celebrarei e esgotarei o cálice,
E dançaremos e saltaremos todos
Com entusiasmo e, se concederes a graça que te peço,
No frenesi da dança, então, todas as luzes

Serão apagadas, para que nos amemos livremente!

E assim deve ser: todos, homens e mulheres, sentar-se-ão desnudos à mesa e, findo o banquete, dançarão, cantarão, tocarão música e farão amor, na escuridão, com todas as luzes apagadas: pois quem as apaga é o espírito de *Diana*, e assim em seu louvor devem dançar e tocar música.

E aconteceu que, tendo a filha cumprido sua missão, ou o seu tempo junto aos seres viventes (os mortais), *Diana* chamou-a de volta, e lhe deu o poder, quando invocada... e praticado uma boa ação... de gratificar aqueles que haviam conjurado por ter-lhes concedido o sucesso no amor:

Abençoar ou amaldiçoar, com o poder,
Amigos ou inimigos (fazer o bem ou o mal).
Comunicar-se com os espíritos.
Descobrir tesouros ocultos em antigas ruínas.
Conjurar espíritos de sacerdotes que morreram
deixando tesouros.
Compreender a voz do vento
Transformar a água em vinho.
Fazer previsões com cartas.
Conhecer os segredos da mão (quiromancia).
Curar os males.
Transformar o feio em bonito.
Domar animais selvagens.

E qualquer pedido dirigido ao espírito de Aradia será concedido aos merecedores de seu favor. E assim a devem invocar:

Assim eu busco Aradia! Aradia! Aradia![8] À meia-noite, à meia-noite, irei a um campo, levando comigo água, vinho e sal. Levo água, vinho e sal e o meu talismã – *meu talismã, meu talismã*, e um saquinho vermelho, que sempre tenho à mão, "*con dentro, con dentro sale*", *com sal dentro, sal dentro dele*. Com a água e o vinho, eu me abençoo, *eu me abençoo* com devoção para implorar um favor de Aradia, Aradia.

Scongiurazione di Aradia

Aradia, Aradia mia!
Tu che siei figlia del più peggiore
Che si trova nell Inferno,
Che dal Paradiso fu discacciata,
E con una sorella, te ha creata,
Ma tua madre pentita del suo fallo,
A voluto di fare di te uno spirito,
Un spirito benigno,
E non maligno!
Aradia! Aradia! Tanto ti prego
Per l'amore che por ti ha tua madre,
E a l'amor tuo che tanto l'ami,
Ti prego di farmi la grazia,
La grazia che io ti chiedo
Se questa grazia mi farei,
Tre cose mi farai vedere,
Serpe strisciare,
Lucciola volare,
E rana cantare
Se questa grazia non mi farai,

8. Esta é uma fórmula que deve ser recitada lentamente, enfatizando as repetições.

Desidero tu non possa avere,
Avere più pace e ne bene,
E che da lontano tu debba scomodarti.
E a me raccomodarti,
Che ti obri... che tu possa tornar
Presto al tuo destino.

Invocação a Aradia

Aradia! Minha Aradia!
Filha que és de quem foi
O mais maligno dos espíritos,
Que já reinou no inferno, à expulsão do paraíso,
E através da própria irmã tornou-se teu genitor,
Mas tua mãe arrependida de seu erro,
Quis fazer de ti um espírito benevolente
E não maléfico!
Aradia! Aradia! Aradia! Eu te imploro
Pelo amor que ela te dedica!
E pelo amor que também te devoto!
Concede-me a graça que tanto preciso!
E se o meu pedido for atendido,
Que um de três sinais receba claramente:
O silvo de uma serpente,
A luz de um vaga-lume
O coaxo de um sapo!
Porém, se tal favor me recusas
Que não tenhas paz nem alegria no futuro,
E te obrigues a me buscar, mesmo distante,
Enquanto não atenderes meu desejo,
Vem com presteza e nessa hora
Poderás então voltar ao teu destino.
Amém.

Capítulo III

Como Diana Fez as Estrelas e a Chuva

Diana foi a primeira a ser criada, antes de toda a criação, e nela estavam contidas todas as coisas; e de sua própria essência, a escuridão primeira, ela se dividiu em luz e sombra. Lúcifer – seu irmão e filho, ela mesma e sua contraparte – era a luz.

E quando viu *Diana* que a luz era muito bela, e essa luz era a outra metade de si mesma, seu irmão Lúcifer, por ele sentiu-se atraída com forte desejo. A vida por receber a luz novamente em sua obscuridade, sorvendo-a em êxtase e deleite, estremeceu de prazer. Este desejo foi a Alvorada.

Porém, Lúcifer, a luz, lhe fugia, esquivando-se aos seus desejos; ele era a luz que se afastava para os mais longínquos recantos do firmamento, como o rato que escapa do gato.

Diana foi então à presença dos pais, das mães dos primórdios, aos espíritos que estavam diante do primeiro espírito, e queixou-se de não poder dominar Lúcifer. Eles então a elogiaram por sua coragem e lhe disseram que, para levantar-se, era preciso cair; para tornar-se a líder das deusas, tinha que se tornar mortal.

E, ao longo das eras e dos tempos, quando o mundo foi criado, *Diana* desceu à Terra, como o fizera Lúcifer, em sua queda, e ensinou a magia e a feitiçaria, de onde surgiram fadas e gnomos – e tudo o que é semelhante ao homem, embora não seja mortal.

E assim *Diana* assumiu a forma de um gato. Seu irmão tinha um gato, a quem amava mais que a todas as criaturas, e que todas as noites dormia em seu leito, um gato cuja beleza sobrepujava a das demais criaturas, uma fada: porém ele não sabia.

Diana persuadiu o gato a trocar de forma com ela; deitou-se com Lúcifer, assumindo sua própria aparência na escuridão, e assim do irmão concebeu Aradia. Mas, pela manhã, ao descobrir que estava deitado ao lado da irmã, e a luz havia sido conquistada pelas sombras, Lúcifer tomou-se de extrema ira; porém *Diana* entoou um encantamento, uma canção de poder, e o fez ficar em silêncio; era a canção da noite que suaviza o sono e ele nada conseguiu dizer. Assim, lançando mão de artifícios da magia, *Diana* encantou-o de tal forma que o irmão se rendeu ao seu amor. Foi esta a primeira fascinação, ela sussurrou uma canção, como o zumbir de abelhas (ou como o giro da roda de fiar), como um tear urdindo a vida. Ela teceu as vidas de todos os homens; todas as coisas foram tecidas pela roda de *Diana*. Lúcifer girava a roda.

Diana não era conhecida por bruxas e espíritos, fadas e elfos que habitavam os lugares desertos, nem pelos gnomos, como sua mãe; ela mantinha-se humilde na condição de mortal, porém seu poder a faria novamente elevar-se acima de todos. Era tal sua paixão pela bruxaria, e tão poderosa havia tornado-se nessa arte, que tanta magnificência não poderia permanecer oculta.

E, uma noite, no encontro de todas as bruxas e fadas, *Diana* afirmou que escureceria os céus e transformaria todas as estrelas em ratos.

Todos os presentes então disseram:

"Se podes fazer uma coisa tão estranha, se tão grande é o teu poder, serás então nossa rainha."

Diana foi até a rua, pegou uma bexiga de boi e um pedaço de dinheiro-das-bruxas, cuja borda assemelha-se a uma faca – que as bruxas usam para cortar do chão as pegadas humanas – e, cortando a terra, encheu com ela e muitos ratos a bexiga, e soprou-a até estourar.

Surgiu assim um grande prodígio, pois a terra que estava dentro da bexiga se transformou na abóbada celeste, e durante três dias caiu forte chuva; os ratos transformaram-se em estrelas ou chuva. E, tendo criado o firmamento e as estrelas e também a chuva, *Diana* tornou-se a Rainha das Bruxas; ela era o gato que regia os ratos-estrelas, o firmamento e a chuva.

Capítulo IV

O Encantamento das Pedras Consagradas à Diana

Encontrar uma pedra furada é um sinal de especial favor de Diana. Quem a encontrar deverá mantê-la na mão, enquanto repete as seguintes palavras, com a devida observância da cerimônia:

Scongiurazione della pietra bucata

Una pietra bucata
L'ho trovato;
Ne ringrazio il destin,
E lo spirito che su questa via
Mi ha portata,
Che passa essere il mio bene,
E la mia buona fortuna!
Mi alzo la mattina al alba,
E a passegio me ne vo
Nelle valli, monti e campi,

La fortuna cercarvo
Della ruta e la verbena,
Quello so porta fortuna
Me lo tengo in senno chiuso
E saperlo nessuno no le deve,
E cosi cio che commendo,
La verbena far ben *per me!*
Benedica quella strege!
Quella fàta che mi segna!"
Diana *fu quella*
Che mi venne la notte in sogno
E mi disse: "Se tu voir tener,
Le cattive persone da te lontano,
Devi tenere sempre ruta con te,
Sempre ruta con te e verbena!"
Diana, *tu che siei la regina*
Del cielo e della terra e dell'inferno,
E siei la prottetrice degli infelici,
Dei ladri, degli assassini, e anche
Di donne di mali affari se hai conosciuto,
Che non sia stato l'indole cattivo
Delle persone, tu Diana,
Diana il hai fatti tutti felici!

Una altra volta ti scongiuro
Che tu non abbia ne pace ne bene,
Tu possa essere sempre in mezzo alle pene,
Fino che la grazia che io ti chiedo
Non mi farai!

Conjuração à Pedra Sagrada[9]

Encontrei no chão uma pedra sagrada.
Ó Destino! Agradeço-te pelo feliz achado,
E também ao espírito que, nesta estrada,
Ofereceu-a a mim;
Que seja para o meu verdadeiro bem
E boa sorte!
Levanto-me aos primeiros albores da manhã,
E caminho pelos vales (agradáveis),
Por todas as montanhas ou lindos prados,
Em busca de sorte, sigo a vaguear,
Procurando arruda e verbena de tão doce aroma,
Que mantenho a salvo bem junto do peito,
Para ninguém saber – pois é coisa secreta,
E sagrada, então recito o encantamento:
"Ó verbena! Que sempre sejas benéfica,
E cumules de bênçãos a bruxa ou a fada,
Que a mim a ofereceu!"
Foi Diana que à noite veio ter comigo,
Em sonhos, e assim me disse:
"Se quiseres afastar de ti os malvados
Tenha sempre contigo, em lugar seguro,
a verbena e a arruda!"
Grande Diana! Tu que és
Rainha dos céus e da terra,
E das paragens infernais – sim, tu que és
A protetora de todos os infelizes,

9. De forma mais apropriada, a pedra com um buraco ao meio. Mas tal pedra é normalmente chamada de sagrada; e, nesse caso, afirma-se que realmente ela o é.

De ladrões e assassinos,
De mulheres de má vida,
E, sabendo que não têm índole má,
Tu, Diana, ainda lhes deste um pouco de alegria,[10]
Vou conjurar-te uma vez mais
E paz não terás, nem felicidade,
E em sofrimento sempre estarás
Enquanto não me concederes
O que te peço com a mais absoluta fé!

[Temos aqui, mais uma vez, uma ameaça à deidade, como no Xamanismo esquimó, ou outro Xamanismo, que represente a forma primitiva mais rude de conjurar, na qual os espíritos são ameaçados. Os vestígios dessa prática são encontrados entre católicos romanos rústicos. Assim, em uma cidade da Romagna, não tendo São Bruno ouvido as súplicas de seus devotos que pediam chuva, a estátua do santo foi cravada de cabeça para baixo na lama do rio. A chuva seguiu-se de imediato, e o santo foi restituído ao seu lugar de honra na igreja.]

O Encantamento ou Conjuração da Pedra Redonda[11]

É um bom sinal encontrar uma pedra redonda, seja grande ou pequena (*e buono augurio* – e bom augúrio), porém nunca deverá ser presenteada a outrem, pois quem a ganhar receberá então a boa sorte, e algum tipo de calamidade sucederá a quem a presenteou.

10. Esta é uma passagem obscura, mas acredito que se deva a algo que o poeta sentiu ou quis dizer.

11. *Il sasso a palla.* [A pedra redonda].

Ao encontrar uma pedra redonda, levante os olhos para os céus, e atire-a três vezes para o alto (apanhe-a a cada vez), dizendo:

Spirito del buono augurio!
Sei venuto in mio soccorso,
Credi ne avevo gran bisogno,
Spirito del folletino rosso
Giacche sei venuto in mio soccorso,
Ti prego di non mi abbandonare!
Ti prego dentro questa palla d'intrare,
E nella mia tasca tu possa portare,
Cosi in qualunque mia bisogna,
In mio aiuto ti posso chiamare,
E di giorno e di notte,
Tu non mi possa abbandonare.
Se danari da qualchuno avanzerò
E non mi vorra pagare,
Tu folletino rosso me il farei dare!
Si questo di non darmeli,
Si in testera tu vi anderai
E col tua Brié-brié*!*
Se dorme to desterai,
Panni dal letto laceraì,
Le farai tanta paura
Che allora di andare a dormire,
Andra alle bische a giuocare,
E tu nunqua lo seguirai.
E tu col tuo Brié-brié, *le dirai,*
Chi non paga deliti

Avranno pene e guai.
Cosi il debitare il giorno appresso,
O mi portera i danari,
O mi il mandera;
E cosi, folletino rosso!
Mi farai felice in mia vita,
Perche in qualcunque mia bisogna,
Verai in mio soccorso!
Se colla mia amante saro' adirato,
Tu spirito del buon augurio mio!
Andrai la notte da lei
Per i capelli la prenderai,
E nel letto mio la porterai;
E la mattina quando tutti gli spiriti
Vanno a riposare,
Tu prima di si' entrare
Nella tua palla si porterai
La mia bella nel suo letto,
Cosi te prego folletino,
Di entrare in questa mia palla!
E di ubbidire a tutti miei commandi!
Ed io ti porteró
Sempre nella tasca mia,
Che tu non mi vada via.

A Conjuração

Espírito dos bons presságios
Que vieste me ajudar
Saibas que preciso muito de ti.
Espírito do Duende Vermelho,

Já que vieste em meu auxílio,
Suplico-te, não me abandones:
Peço-te que entres agora nesta pedra,
Para que eu te carregue em meu bolso,
E, sempre que precisar,
Possa chamar-lhe: seja o que for,
Não me abandones nem de dia nem de noite.
Se eu emprestar dinheiro a um homem
Que não o pague em seu vencimento,
Peço-te, ó Duende Vermelho, que o faça saldar sua dívida!
E, se não o fizer, e for irredutível,
Vai a seu encontro e grite: "*Brié-brié*!"
E se dormir, desperta-o com um beliscão,
Retira-lhe as cobertas, assusta-o!
Segue-o aonde quer que vá.
Faze-o saber com um incessante *"Brié-brié!"*
Que, se esquecer sua obrigação,
Problemas terá até seu débito quitar.
Assim, meu devedor no dia seguinte
Trará o dinheiro que me deve,
Ou logo o enviará: por isso, rogo-te,
Ó meu Duende Vermelho,
Vem em meu auxílio!
Ou, se eu discutir com a pessoa amada,
Espírito da boa sorte, peço-te
Que até ela vás enquanto dorme –
E puxando-a pelos cabelos,
Que a tragas noite adentro até o meu leito!

E, de manhã, quando ao repouso partem todos os espíritos
Antes de tornares à tua pedra, leva-a de volta a casa,
E deixa-a ali adormecida.
Assim, peço-te, ó Duende!
Nesta pedra faze tua morada!
Obedecendo todas as minhas ordens,
Em meu bolso sempre hás de estar,
E nunca mais vamos nos separar!

Capítulo V

A Conjuração do Limão e dos Alfinetes

Consagrada à Diana

Um limão, tendo nele espetados alfinetes de cores diferentes, sempre traz boa sorte. Se você ganhar um limão cheio de alfinetes de cores variadas, porém sem nenhum negro entre eles, isso significa que sua vida não apenas será perfeitamente feliz e próspera, mas também cheia de alegria.

Porém, se houver entre eles alguns alfinetes negros, tanto poderá ter boa sorte como boa saúde, ainda que permeadas por pequenos problemas. [Entretanto, para diminuir sua influência, proceda à cerimônia a seguir, recitando este encantamento, no qual tudo é descrito.[12]]

Scongiurazione a Diana

Al punto di mezza notte
Un limone ho raccolto,

12. Este trecho não é apresentado no manuscrito, porém é necessário para explicar com clareza o que se segue de forma abrupta.

Lo raccolto nel giardino
Ho raccolto un limone,
Un arancio e un mandarino,
Cogliendo queste cose,
Cogliendo, io ho detto;
Tu, o Regina del sole
Delia luna e delle stelle,
Ti chiamo in mio ajuto
E con quanta forza ho a te scongiuro
Che una grazia tu mi voglia fare,
Tre cose ho racolto nel giardino;
Un limone, un arancio,
E un mandarino; una
Di queste cose per mia fortuna,
Voglio tenere due
Di questi oggetti di mano,
E quello che dovra servirmi
Per la buona fortuna
Regina delle stelle:
Fa lo rimanare in mia mano!

Encantamento à Diana

À meia-noite em ponto,
Colhi um limão no jardim,
Colhi um limão, e também
Uma laranja e uma (cheirosa) tangerina.
Colhi primorosamente essas coisas (preciosas),
E dizia, enquanto os apanhava com cuidado:
"Tu, que és a Rainha do sol, da lua
E das estrelas – vê! Chamo-te aqui!

E, com todo o poder que tenho, eu te conjuro
A conceder-me o favor que te imploro!
Três coisas apanhei nesse jardim:
Um limão, uma laranja e uma tangerina;
Colhi-os para que me tragam boa sorte.
Dois estão aqui na minha mão,
E o que servirá ao meu desígnio,
Rainha das Estrelas!
Faze com que esta fruta fique firme em minha mão".

[Omitiu-se algo no manuscrito. Suponho que as duas frutas devam ser atiradas no ar, sem olhar, e, se restar o limão, a cerimônia prosseguirá como adiante. Isso é evidente, considerando-se que o encantamento se confunde com a orientação em prosa sobre o procedimento.]

Isso é dito olhando-se para os céus, e então descobri que o limão estava em minha mão, quando uma voz me disse:

"Pegue alguns alfinetes e espete-os com cuidado no limão, eles devem ser de muitas cores; e se obtiveres com isso boa sorte e desejares então dar o limão a alguém ou a um amigo, espeta-lhe alfinetes de várias cores. Porém, se é o mal que desejas a alguém, transpassa-o com alfinetes negros. Para isso, deves pronunciar um encantamento diferente (assim)":

Dia *Diana*, a te scongiuro!
E te chiamo ad alta voce!
Che tu non abbia pace ne bene
Se non viene in mio aiuto
Domani al punto di mezzo giorno,
Ti aspetto a quello punto
Un bicchiere di vino portero,

E una piccola lente al occhio
E dentro tredici spilli,
Spilli neri vi metterò,
E tu *Diana* tutti
I diavoli dell' inferno chiamerai,
E in compagnia del sole il manderai,
E tutto il fuoco dell'inferno preso di se
Lo porteranno, e daranno forza,
Al sole di farmi questo vino bollire,
Perche questi spilli possano arroventire,
E con questi il limone apunteró
Per non dare più pace,
E ne bene alla persona
Che questo limone le presenterò!
Se questa grazia mi farete,
Un segnale mi darete,
Dentro tre giorni,
Una cosa voglio vedere,
O vento, o acqua, o grandine,
Se questo segnale non avró,
Piu pace Diana non te darò,
Tanto di giorno che di notte,
Sempre ti tormenterò.

Invocação à Diana

Deusa Diana, eu te conjuro
E em voz alta te chamo,
Que nunca tenhas alegria ou paz
Enquanto não vieres em meu auxílio.
Assim, amanhã ao meio-dia em ponto,

Estarei à tua espera, com uma taça de vinho,
E com uma lente ou um pequeno vidro inflamável[13]
E treze alfinetes que usarei no encantamento;
Todos certamente serão negros;
Porém tu, *Diana*, a todos cravarás!
E por mim chamarás os demônios do inferno,
Enviando-os como companheiros do Sol,
E, como o próprio fogo infernal,
Esses demônios trarão consigo, sim trarão, o poder
Do Sol para fazer este vinho (vermelho) ferver,[14]
E o calor deixará em brasa estes alfinetes,
Que serão depois cravados neste limão,
Para que a pessoa que o receber
Não tenha paz nem prosperidade.
Se esta graça tu me concederes,
Peço-te que me dês um sinal!
Antes que se vá o terceiro dia
Faze com que eu ouça ou veja
O uivar do vento, o tamborilar da chuva,
Ou o ruído do granizo na planície;
Enquanto um dos três sinais não me mostrares,
A paz, Diana, não conhecerás.
Atende pois à súplica que faço!
Senão dia e noite irei te atormentar!

Como a laranja é a fruta do Sol, da mesma forma insinua-se que o limão seja a da Lua, ou de Diana, sendo

13. Este vidro parece ser de eras bem remotas, como a época dos romanos, e era considerado dotado de propriedades mágicas, sendo utilizado em cerimônias ocultas.
14. Ou seja, Diana é invocada para enviar demônios com a própria vida do fogo do inferno para aumentar ainda mais o calor do Sol e assim intensificar o vinho.

de cor amarela mais clara. Porém, o limão especialmente escolhido para este encantamento é o verde, pois "endurece" e fica preto. Geralmente se desconhece que as cascas da laranja e do limão, submetidas à pressão e combinadas com uma cola, transformam-se numa substância dura que pode ser moldada ou utilizada para muitos fins. Dediquei um capítulo ao assunto, em obra ainda não publicada, intitulada *One Hundred Minor Arts* [Cem Artes Menores]. Este trabalho foi sugerido pelo limão endurecido que me foi presenteado por uma bruxa para um encantamento.

Capítulo VI

Encantamento para Conquistar um Amor

Quando um mago, um adorador de *Diana*, alguém que preste culto à Lua, desejar o amor de uma mulher, poderá transformá-la em um cão, quando então, esquecida de quem é, e de muitas outras coisas, ela irá à sua casa, e ao seu lado assumirá novamente a aparência natural e com ele ficará. E, à hora de sua partida, ela será transformada novamente em cão e voltará para casa, onde voltará a assumir a forma de uma jovem. E de nada se lembrará, ou então, só terá a lembrança de pequenos ou meros fragmentos do ocorrido, que lhe parecerão um vago sonho. E assumirá a forma de um cão, pois *Diana* sempre tem um cão ao seu lado.

Este encantamento deve ser recitado pelo homem que deseja trazer seu amor para sua casa.[15]

15. O início deste encantamento parece ser meramente uma introdução em prosa explicando a natureza da cerimônia.

Hoje é sexta-feira, e quero levantar-me muito cedo, uma vez que não pude dormir a noite inteira, pois vi uma garota muito bela, a filha de um rico senhor, a quem não ouso conquistar. Se ela fosse pobre, poderia ganhá-la com dinheiro; mas é rica, e assim não tenho esperanças. (Portanto, implorarei à Diana para me ajudar.)

Scongiurazione a Diana

Diana, bella Diana!
Che tanto bella e, buona siei,
E tanto ti é piacere
Ti ho fatto,
Anche a te di fare al amore,
Dunque spero che anche in questa cosa
Tu mi voglia aiutare,
E se tu vorrai
Tutto tu potrai,
Se questa grazia mi vorrai fare:
Chiamerai tua figlia Aradia,
Al letto della bella fanciulla
La mandera Aradia,
La fanciulla in una canina convertira,
Alla camera mia la mandera,
Ma entrata in camera mia,
Non sara più una canina,
Ma tornerà una bella fanciulla,
Bella cane era prima,
E cosi potrò fare al amore
A mio piacimento,
Come a me piacera.
Quando mi saro divertito
A mi piacere dirò.

"Per volere della Fata Diana,
E di sua figlia Aradia,
Torna una canina
Come tu eri prima!"

Conjuração a Diana

Diana, bela Diana!
Que és de fato tão bondosa quanto bela,
Por toda a veneração que te dediquei,
E todo o prazer amoroso que conheceste,
Imploro-te que me ajudes em meu amor!
O que de fato desejas,
Tens o poder de realizar:
E, se esta graça me for concedida,
Chama então tua filha, Aradia,
E envia-a ao leito da mulher,
E lhe confere a aparência de um cão,
Fazendo-a vir então para o meu quarto.
Porém, depois de entrar, peço que volte
A assumir sua forma humana,
Tão bela como jamais o fora antes,
E com ela eu possa fazer amor
Até que nossas almas de prazer se satisfaçam.
Então, com o auxílio da grande Rainha das Fadas
E de sua filha, a bela Aradia,
Que ela se transforme novamente em cão,
E depois assuma a forma humana como antes!

Acontecerá que a garota como um cão voltará para casa sem ser vista e sem que desconfiem dela, assim isso será efetivado pela Aradia, e a garota pensará que tudo foi um sonho, porque ela estará encantada pela Aradia.

Capítulo VII

Para Encontrar ou Comprar Algo, ou Ter Boa Sorte

Invocação ou Encantamento à Diana

É para o homem ou a mulher que pretenda ir à cidade e deseja estar livre de perigo ou risco de acidente, ou ainda ter boa sorte nas compras, como é o caso do estudioso que deseja encontrar, a bom preço, um livro ou manuscrito antigo e raro, ou então comprar algo almejado ou encontrar ofertas e raridades. Esta *scongiurazione* (conjuração) serve para ter boa saúde, alegria no coração e afastar o mal ou vencer um inimigo. São palavras de ouro para quem nelas crê.

L'Evocazione

Siamo di Martedi e a buon ora
Mi voglio levare la buona fortuna,
Voglio andare e cercare,
E coll aiuto della bella Diana,
La voglio trovare prima d'andare,

Prima di sortir di casa
Il malocchio mi levero
Con tre gocciole d'olio,
E te bella Diana *io invoco*
Che tu possa mandarmi via
Il malocchio da dosse a me
E mandala al mio più nemico!

Quando il malocchio
Mi saro levato
In mezza alla via lo gettero,
Se questa grazia mi farei
Diana bella,
Tutti i campanelli
Di mia casa bene suonerai,
Allora contento di casa me ne andro,
Perche col tuo aiuto (saro) certo di trovare,
Buona fortuna, certo di trovare
Un bel libro antico,
E a buon mercato
Me lo farai comprare!

Tu stessa dal proprietario
Che avra il libro
Te ne andrai tu stessa
Lo troverai e lo farei,

Capitare in mano al padrone,
E le farai capitare
In mano al padrone,
E le farai entrare
Nel cervello che se di quel libro

Non si disfara la scomunica,
Le portera, cosi questo dell'libro,
Verra disfarsi e col tuo aiuto,
Verra portato alla mia presenza,
E a poco me to vendera,
Oppure se e'un manoscritto,
Invece di libro per la via lo gettera,
E col tuo aiuto verra in mia presenza,
E potrò acquistarlo
Senza nessuna spesa;
E cosi per me
Sara grande fortuna!

Invocação

Hoje é terça-feira, e bem cedo
Vou atrair para mim a boa sorte,
Primeiro em meu lar, depois em meus caminhos,
E, com a ajuda da bela *Diana,*
Peço para ter sorte antes de sair de casa!
Primeiro com três gotas de óleo afasto[16]
Toda a má influência e humildemente rogo,
Ó bela *Diana,*
Que tu a leves para longe de mim,
E a envie ao meu pior inimigo!
Quando a má sorte

16. Isso se refere a uma pequena cerimônia a qual já assisti e, de fato, foi realizada diante de mim muitas vezes, como um ato de cortesia comum entre feiticeiras e bruxas. Consiste em fazer certos sinais e cruzes sobre algumas gotas de óleo e sobre a cabeça da pessoa que é abençoada, juntamente com um breve encantamento. A cerimônia me foi recomendada ou prescrita com seriedade como um meio de manter boa saúde e prosperidade.

De mim for retirada,
Eu a lançarei ao meio da rua
E, se concedida esta graça,
Ó bela Diana,
Alegremente farei soar os sinos em minha casa!
E então, muito contente,
Seguirei o meu caminho,
Certo de que teu auxílio
Comigo estará quando livros bons e antigos
A preço acessível encontrar.
E descobrirás o homem
A quem tal livro pertence,
Inculcando-lhe na mente
A inspiração de saber
O que está procurando,
Levando-o a fazer
Tudo o que desejares.
Ou, se for um manuscrito
Escrito em tempos antigos,
Teu será, mesmo assim,
Pois a tuas mãos há de vir,
E a baixo preço comprarás
Tudo aquilo que pretendes
Com a ajuda da grande *Diana*.

Este encantamento foi obtido, com certa demora, em resposta a uma pesquisa referente ao conteúdo de uma conjuração a ser feita antes de sair de casa, para ter certeza de encontrar à venda uma obra rara, ou outro objeto desejado, a preço acessível. Por isso, elaborou-se uma invocação para ser aplicada com fins literários;

mas, quando se deseja comprar outro objeto em termos igualmente favoráveis, basta modificar o pedido e manter a introdução, onde se encontra a virtude mágica. Não posso, porém, resistir à convicção de que ela seja mais aplicável, e melhor sucedida, a pesquisas de objetos antigos, estudos e arte, devendo, portanto, permanecer na memória de todo caçador de antiguidades e bibliógrafo.

Deve-se observar com seriedade que a súplica, longe de ser atendida, poderá tornar-se contrária e até trazer infortúnios, se a pessoa que a recitar não o fizer com muita fé, e esta não pode ser adquirida simplesmente por afirmar a si mesmo: "Eu creio". Porque, para ter uma fé real, seja no que for, é preciso uma séria disciplina mental, coisa de que muito se fala, e pouco se compreende. Falo com seriedade, pois o homem que disciplina sua fé para realmente acreditar em algo e cultivar ou desenvolver sua vontade é capaz de fazer realmente o que, por consenso geral, o mundo chama de milagres. Virá o dia em que este princípio não apenas constituirá a base de toda educação, como também de toda moral e cultura social. Creio ter demonstrado bem isso em uma obra intitulada *Have you a Strong Will? or How to Develop it or Any Faculty or Attribute of the Mind, and Render it Habitual*, George Redway, Londres.

Não obstante, o leitor que possui uma fé devotada pode, como afirmam as bruxas, usar este encantamento todos os dias antes de sair para procurar ou comprar qualquer tipo de ofertas em lojas, ou para recuperar ou descobrir objetos perdidos; enfim, para quaisquer achados. Se inclinado à beleza das formas femininas, ele encontrará *bonnes fortunes**; já o homem de negócios atenderá às suas conveniências. O botânico que recitar este encantamento antes de sair para os campos terá a probabilidade de descobrir uma nova planta, e o astrônomo, à noite, quase certamente se defrontar-se-á com um novo planeta, ou pelo menos com um asteroide. Deve ser repetido antes de ir às corridas, visitar amigos, locais de diversão, comprar ou vender, fazer discursos e, em especial, antes de caçadas ou qualquer saída noturna, uma vez que *Diana* é a deusa da caça e da noite. Mas ai de quem o fizer por brincadeira!

*N. do T.: Boa sorte.

Capítulo VIII

Para Ter Vindima e Vinho Muito Bons com a Ajuda de Diana

"Como é doce a vindima, quando as uvas se derramam
Em profusão de Bacanal, continuamente sobre a terra,
Purpúreas e transbordantes."

Don Juan, c. 124, Byron

"Vinum bonum et suave,
Bonis bonum, pravis prave,
O quam dulcis sapor-ave!
Mundana laetitia!"

Latin Songs, E. du Meril

Quem desejar tanto uma boa vindima como um bom vinho, deverá encher com vinho um chifre, e levá-lo aos vinhedos ou fazendas de videiras, onde o beberá dizendo:

Bevo ma non bevo il vino,
Bevo il sangue di Diana,
Che da vino nel sangue di Diana
Si deve convertire,
E in tutte le mie viti
Lo spandera,
E buona raccolta nu verra
E quando avro avuto buona raccolta,
Non saro ancora fuori di sciagura,
Perche il vino cattivo mi puol venire
Perche puol nascere l'uva
A luna vecchia...
E cosi il mio vino puole sempre andare
In malora–ma io bevendo
In questo corno, e bevendo il sangue,
Il sangue di Diana *col suo aiuto*
La mano alla Luna nuova io bacero,
Che la mia uva possa guardare,
Al momento che crea l'occhiolo
Alla crescenza del uva
E fino alla raccolta,
Che possa venire il mio vino buono,
E che si possa mantenere
Da prendere molti quattrini,
E possa entrare la buona fortuna
Nelle mi e vigne,
E nel miei poderi!
Quando il mio vino pendera
Di andare male, il corno prendero,
E forte, forte lo suonero,

Nel punto della mezza notte,
Dentro alla mia cantina lo suonero,
Lo suonero tanto forte
Che tu bella Diana *anche da molto lontano,*
Tu lo possa sentire,
E finestre e porte
Con gran forza tu possa spalancare,
A gran corsa tu mi possa venire,
A trovare, e tu possa salvarmi
Il mio vino, e tu possa salvare,
Salvare me da grande sciagura,
Perche se il mio vino a male andera
La miseria mi prendera.
E col tuo aiuto bella Diana,
Io saro salvato.

Tradução

Bebo, porém não do vinho,
Mas do sangue de *Diana*,
Pois que o vinho se transformou em seu sangue,
E se derramou por minhas videiras em crescimento,
Isso propiciará bons vinhos,
Pois até mesmo a boa safra, como a minha,
Não está livre de cuidados, pois, se a uva
Madurar na lua minguante,
Perdido estará todo o vinho, mas
Bebendo deste chifre, bebo o sangue,
O sangue de *Diana* – para ter seu auxílio,
Mando um beijo para a lua nova, com o pedido
À Rainha que proteja minhas uvas,
Desde o irromper do botão

Até a uva madurar perfeita.
Na hora da vindima, e feito o vinho
Que seja um vinho bom!
Que bons lucros me traga com sua venda,
Assim se derrame a boa sorte sobre as vinhas
E às minhas terras, seja onde for!
Mas, se ao contrário elas não crescerem,
A trompa de chifre com força soprarei
À meia-noite, no interior da adega,
Um ruído tremendo farei
E som tão terrível emitirei
Que tu, Diana, estejas onde estiveres,
Ouvirás de longe meu chamado,
E, abrindo portas ou janelas,
Virás depressa com o vento impetuoso
Ao meu encontro para me salvar –
Salvando as minhas vinhas,
Para evitar uma grande desgraça;
Porque tal perda seria a minha perda,
Mas, com teu auxílio, *Diana,*
Eu sei que serei *poupado*.

Esta é uma invocação, e também uma tradição, muito interessante, provavelmente de épocas muito antigas, conforme notável evidência intrínseca. Por ser principalmente dedicada a um tema que tem recebido pouca atenção – a ligação entre Diana, como a Lua, e Baco, embora no grande *Dizionario Storico Mitologico*, de Pozzoli e outros, afirme-se de maneira expressa que na Grécia seu culto estava associado aos cultos de Baco, Esculápio e Apolo. O elo entre todos é o *chifre*. Em uma medalha de Alexandre Severus,

Diana de Éfeso segura o chifre da abundância. Esse é o chifre, ou chifres, da lua nova, consagrado à Diana. Segundo Callimachus, o próprio Apolo ergueu a *Diana* um altar completamente feito de chifres.

É evidente a ligação entre o chifre e o vinho. Era comum, entre os antigos eslavos, que o sacerdote de Scantevit, o deus-Sol, verificasse se o chifre na mão do ídolo estava cheio de vinho, o que vaticinava uma boa colheita no ano seguinte. Se estivesse cheio, tudo iria bem, se não, o sacerdote teria que enchê-lo, beberia um pouco, devolvendo-o à mão do ídolo, e faria previsões de que tudo afinal correria bem.[17] Não deixará de intrigar o leitor que essa cerimônia seja estranhamente semelhante à da invocação italiana, sendo a única diferença que seja invocado o Sol, em vez da Lua para proporcionar boa colheita.

Em *Legends of Florence*, uma das lendas é a da Via del Corno, na qual um herói, ao cair em uma grande tina de vinho, é salvo do afogamento soprando uma trompa de chifre com uma tremenda força. O som, que alcança uma distância incrível, chega até as terras desconhecidas, e todos, como se estivessem encantados, correm para salvá-lo. Nessa conjuração, *Diana*, nas profundezas dos céus, é representada movendo-se ao som da trompa de chifre, e precipitando-se por portas ou janelas para salvar a vindima de quem a sopra. Há uma certa afinidade singular nessas histórias.

Na história da Via del Corno, o herói é salvo pelo Duende Vermelho, ou Robin Goodfellow, que lhe dá um chifre, o mesmo duende que aparece na conjuração da

17. Kreussler, *Sorbenwendische Alterthümer*, Pt. I, p. 272.

Pedra Redonda, consagrada a Diana. Isso porque o espírito é noturno e serve a Diana Titânia.

Jogar beijos à Lua é uma cerimônia de antiguidade desconhecida e Jó, já em sua época, a isso se referiu como pagã e proibida, o que sempre quer dizer antiquada e fora de moda – mesmo ao declarar, (xxxi, 26, 27): "Se ao contemplá-la sua via luminosa... e meu coração secretamente se deixou seduzir ou minha boca beijou a minha mão..., também isso seria uma iniquidade a ser punida pelo Juiz, pois estaria negando ao Deus que está acima". Pode-se, ou deve-se, daí inferir que Jó não compreendia Deus como o criador da Lua e presente em toda a Sua obra, ou ainda, que realmente acreditasse que a Lua era uma deidade independente. Em qualquer caso, é curioso ver que o antigo rito proibido sobrevive, e continua a ser tão herético quanto antes.

É muito evidente que a tradição, conforme foi-me transmitida, omite uma parte da cerimônia, que pode ser suprida por autores clássicos. Quando um camponês realiza um rito, ele não deve agir como um certo africano, empregado de um amigo meu. O dever do homem negro era, todas as manhãs, fazer uma libação de rum dentro de um amuleto e, claro, ele a fazia, mas em sua própria garganta. O camponês também devia espargir as vinhas, da mesma forma que os fazendeiros de Devonshire, que observavam todas as cerimônias cristãs do Natal, mas também espargiam, com um chifre, suas macieiras.

Capítulo IX

Tana e Endamone, ou Diana e Endymion

"Hic ultra Endymionem indormit negligentiae."

"Agora é lendário que Endymion, depois de acolhido no Olimpo, tenha sido expulso por desrespeito a Juno, sendo banido para a Terra por trinta anos. E neste período, enquanto permanecia adormecido em uma caverna do Monte Latmos, *Diana*, tocada por sua beleza, visitava-o todas as noites e dele gerou cinquenta filhas e um filho. Depois disso, Endymion foi chamado de volta ao Olimpo."

Diz. Stor. Mitol.

A lenda e os encantamentos a seguir foram-me transmitidos com o nome, ou título, de Tana. Este era o antigo nome etrusco de *Diana*, ainda preservado na Romagna Toscana. Em mais de uma obra italiana ou francesa, encontrei algum relato ou conto sobre como uma bruxa encantou uma garota para que dormisse com o amante, sendo esta a única explicação que conheço para toda a cerimônia.

Tana

Tana, uma bela deusa, amava um jovem de maravilhosa beleza chamado Endamone; mas seu amor era atormentado por uma bruxa que era sua rival, ainda que Endamone a esta não desse atenção.

Mas, querendo ele ou não, a bruxa havia decidido conquistá-lo, e com essa intenção, induziu o servo de Endamone a deixá-la passar a noite em seu quarto. E, uma vez ali, assumiu a aparência de Tana, a quem ele amava, para que, deleitando-se à sua visão, como pensava, lhe desse as boas-vindas com apaixonados abraços. Com isso, submeteu-o ao seu poder, o que permitiu à bruxa cortar-lhe um cacho dos cabelos, para realizar um determinado encantamento.[18]

Logo depois, voltou para casa e, com um pedaço de intestino de ovelha fez uma bolsa, onde colocou o que dele havia tirado, e amarrou-a a uma pena com uma fita vermelha e outra preta, e juntou pimenta e sal, e em seguida cantou uma canção. Esta é a letra de uma canção de bruxaria de uma época muito antiga.

Scongiurazione

Ho formato questo sachetto a Endamone,
E la mia vendetta per l'amore,
Ch'io ti portavo, e non ero corrisposta,
Una altra tu l'amavi:

18. Segundo toda a magia maléfica no mundo – especialmente entre os Vodus Negros – qualquer indivíduo pode ser lesado ou assassinado, caso o mago tenha em seu poder qualquer porção da pessoa, ainda que pequena, especialmente um cacho de cabelo. Isso é especialmente descrito em *Thiodolf, the Islander*, um romance de La Motte Fouqué. A troca de cachos de cabelos pelos amantes está possivelmente ligada à magia.

La bella dea Tana tu amavi,
E tu non l'avrai: di passione
Ti struggerai, volonta di fare,
Di fare al amore tu avrai,
E non la potrai fare. Sempre addormentato resterai,
Di un sonno che tutto sentirai,
E la tua bella tu vedrai,
Ma parlare non potrai
Nel vedere la tua bella,
Volontà di fare al amore
Verra e non la potrai fare
Come una candela ti struggera,
Ti struggerai poco a poco,
Come una candele a fuoco,
Tu non potrai vivère
Tu non potrai stare,
Ti sentirai mancare,
Che il tuo cuore ritto sempre possa stare
E al amore più non potrai fare
Per l'amore che io te ho portata vo,
Sia convertito intanto odio
Che questo Endamone e la mia vendetta,
E cosi sono contenta.

O Feitiço

Uma bolsa para Endamone eu fiz,
É a minha vingança de amor,
Pelo profundo amor que tive por ti,
E que não corresponderás,
Mas para o altar de Tana irás,
E Tana jamais tua será!

Agora todas as noites, em agonia,
Serás por mim oprimido!
Dia a dia, hora a hora,
O poder da bruxa sentirás,
Pela paixão serás atormentado
E, mesmo com prazer, contente nunca estarás;
Envolvido pelo sono jazerás,
Sabendo que tua amada perto está,
Porém, morrendo sempre, nunca morrerás.
Sem forças não dirás uma palavra,
Nem mesmo sua voz tu ouvirás;
Pela agonia do Amor atormentado,
Para ti alívio não haverá!
E desfazer não podes meu forte feitiço,
E deste sono não despertarás:
Pouco a pouco irás definhar,
Como a vela que descansa sobre brasas.
Pouco a pouco a morte encontrarás,
Mas, vivo, jazerás atormentado,
Com grande desejo, mas sempre enfraquecido,
Para mover-se ou até falar,
Com todo o amor que já tive por ti
Deves experimentar tu mesmo este tormento,
Por todo o amor que há bem pouco senti
Far-te-ei sentir um ódio ardente,
Curvado ao peso da própria tortura,
Então vingada estarei contente.

Tana, embora muito mais poderosa que a bruxa, foi incapaz de desfazer o feitiço o que o compelia a dormir, mas retirou-lhe toda a dor (ele a reconhecia em sonhos) e, abraçando-o, cantou este contra-encantamento:

A canção de Diana

Endamone, Endamone, Endamone!
Per l'amore chi mi porti e che io pure,
Ti porto tre croci su questo letto!
Vengo a fare, e tre marroni d'India,
Nel tuo letto vengo a posare,
E questa finestra aperta che la Luna,
Su il tuo letto risplende,
Come risplende il nostro amore
La, e la prego con gran calore,
Che voglia dare sfogo a queste due cuore,
Che tanto ci amiamo, e se questa grazia,
Mi verrà fatta chiunque sia innamorata,
Se mi scongiurera
In suo aiuto correro!

Endamone, Endamone, Endamone!
Sopra te io mi metto al lume,
Il tuo (cuore) io dimeno,
E mi dimeno io pure e cosi,
E cosi tanto farò,
Tanto farò e tanto faremmo,
Che uniti ne veremmo.

O contra-encanto

Endamone, Endamone, Endamone!
Pelo amor que te devoto
E nunca mais sentirei, até morrer,
Três cruzes faço em teu leito,
Pego três castanhas-da-índia;[19]

19. *Marroni d'India*, em italiano. Um forte encantamento contra o Mal, e por isso utilizado com freqüência para reumatismo, etc.

E as nozes escondo em teu leito,
A janela está aberta, para que a Lua Cheia
Brilhe esplendidamente sobre o leito,
Tal como nosso amor brilhante e belo,
E eu suplico que, das alturas,
Ela nos dê o êxtase de amor,
E lance sua chispa em cada coração,
Que ama demais para se separar,
E mais uma súplica faço!
Quando alguém enamorado,
Para o amor pedir meu auxílio,
Sem tardar ouvirei seu chamado.

Assim, sucedeu que a bela deusa fez amor com Endamone, como se estivessem despertos (porém, em comunhão em sonhos). E assim é até hoje, e quem quiser fazer amor com uma pessoa adormecida deve recorrer à bela *Tana*, para obter êxito em sua realização.

Essa lenda que, em muitos detalhes, está em conformidade com o mito clássico, traz estranhamente entremeadas as práticas de bruxaria, e mesmo estas, se pesquisadas, comprovar-se-iam tão antigas quanto o resto do texto. Portanto, o uso de intestino de ovelha – em vez de uma bolsa de lã vermelha, empregada em magia benéfica, fitas de cores vermelha e preta, que misturam alegria e dor, pena (de pavão), ou *la penna maligna* – pimenta e sal, ocorrem em muitos outros encantamentos, mas sempre para provocar o mal e o sofrimento.[20]

20. O leitor encontrará sua descrição em meu livro *Etrusco-Roman Remains*.

Não havia notado antes, mas a verdade é que escapa a Keats, ou o poeta ignora totalmente, em seu encantador poema *Endymion*, toda a essência e o significado do antigo mito, ao passo que nesta rústica canção de bruxa ele é desenvolvido com minúcias. A concepção é a de um belo jovem, de invulgar castidade, a quem *Diana* beija furtivamente durante o sono. O antigo mito aborda, a princípio, a luz e a sombra, ou o dia e a noite, dos quais surgiram as 51 (agora 52) semanas do ano. Diana é a noite e Apolo, o Sol, ou a luz em outra forma. Isso é expresso como a relação amorosa durante o sono que, ao ocorrer na vida real, tem geralmente um agente ativo que, mesmo sem ser de absoluto recato, deseja manter as aparências. O caráter estabelecido de *Diana* entre os Iniciados (o que motivou seu amargo aviltamento pelos padres da Igreja), era o de uma bela hipócrita que perseguia os amores em silencioso segredo.

"Assim, era como a Lua que Endymion com ela se deitava,

Da mesma forma que Hipólito e Verbio."

(Sobre o assunto, o leitor pode consultar Tertuliano, *De Falsa Religione*, livro ii, cap. 17, e Pico de Mirandula, *La Strega*.)

Porém, há uma ideia deliciosamente sutil, delicadamente estranha ou de concepção ideal com relação à aparente castidade da "clara Lua fria", que projeta furtivamente sua luz viva nos recônditos recessos da escuridão e atua nos mistérios ocultos do amor e dos sonhos. E foi o que provocou o pensamento original de Byron[21] de que o Sol

21. "O Sol se põe e surge a Lua dourada:
O demônio da Lua é travesso e aqueles

não brilha sobre metade dos atos proibidos testemunhados pela Lua, o que é enfatizado no poema das bruxas italianas. Neste, a lua é invocada de forma distinta como a protetora de um amor estranho e secreto e, ao mesmo tempo, como a deidade invocada para essa relação amorosa. Quem a invoca diz que "a janela está aberta, para que a Lua Cheia brilhe esplendidamente sobre o leito, tal como nosso amor é brilhante e belo... e eu suplico que, das alturas, ela nos dê um grande êxtase de amor – *sfogo*".

A luz misteriosamente bela e reluzente da Lua, que parece lançar sobre a Natureza silenciosa um espírito de inteligência ou emoção, e um vago despertar – projeta sombras sobre os pensamentos e faz com que cada árvore, cada pedra assuma a aparência de uma forma viva que, mesmo vibrando e respirando, permanece em estado onírico – não poderia escapar aos gregos, e eles o expressaram como *Diana* abraçando Endymion. Mas, assim como a noite é consagrada ao segredo, e como a verdadeira *Diana* dos Mistérios era a Rainha da Noite, que usava o crescente lunar, e senhora de todas as coisas ocultas, entre elas os "doces segredos e as adoráveis iniquidades", há mais coisas agregadas a esse mito que nos escapam à percepção. E assim como se acreditava que *Diana* era a Rainha das bruxas emancipadas e da Noite, ou a própria Vênus-Astarte noturna, também o amor por Endymion adormecido seria

---

Que a chamam casta, creio, logo passam
A chamá-la pelo nome; não há um dia
Mais longo, não é vinte e um de junho,
Veja isso com um pouco de malícia,
Há três horas sorri estranhamente o luar"
Don Juan, cxiii

compreendido como sensual, ainda que sagrado e alegórico. E é exatamente neste sentido que as bruxas, que na Itália, preservaram e compreenderam o mito, podem reivindicar algum direito de serem suas reais herdeiras.

É a *realização* do amor proibido ou secreto, atraído por uma beleza vagamente entrevista – à luz do luar, com um encantamento de fadas, ou bruxas, do sobrenatural – um *romance* todo combinado de uma forma singular e estranha – o encantamento da Noite!

"Há um perigoso silêncio nessa hora,
Uma calma que faz com que a alma plena
Abra-se totalmente, incapaz
De reassumir o autocontrole;
A luz prateada consagrando árvore e torre,
Irradia beleza e profunda suavidade sobre tudo,
Sussurra também ao coração, onde derrama
Um delicioso langor que não é repouso."

Esse é o significado do mito de Diana e Endymion. É transformar o que é apaixonado, secreto e proibido em divino, ou estético (o que para os gregos era a mesma coisa). É o encanto das águas furtadas, que são doces, intensificado pela poesia. É notável que tenha sido tão estranhamente preservado nas tradições da bruxaria italiana.

Capítulo X

Madona Diana

"A Madona é essencialmente a deusa da Lua."

Naples in the Nineties, de E. N. Rolfe

Havia, em Cettardo Alto, numa época muito longínqua, uma garota de extraordinária beleza, noiva de um jovem de uma beleza tão notável quanto a sua; no entanto, apesar do berço e da boa educação, quis a sorte ou os infortúnios da guerra ou do destino que ambos fossem extremamente pobres. Porém, tivesse a jovem alguma falha, esta seria seu grande orgulho, já que, a depender de sua vontade, só se casaria em grande estilo, com luxo e festas, um lindo vestido e com muitas damas de honra de alta estirpe.

E este desejo tornou-se, para a bela *Rorasa* – este era seu nome – um tal objeto de desejo que passou a obcecá-la; e as outras garotas, sem mencionar os homens por ela recusados, faziam-lhe zombarias, indagando-lhe quando seriam as grandes bodas, em meio a tantas risotas e gracejos, que por fim, num momento de desatino, a jovem subiu no topo de uma alta torre de onde atirou-se; e, para agravar a situação, embaixo havia uma terrível ravina onde despencou.

No entanto, não sofreu a jovem qualquer dano, pois, durante a queda, surgiu uma bela mulher, que certamente não era terrena, e tomando-a pela mão, conduziu-a pelos ares a um lugar seguro.

Então, todos os circunstantes que presenciaram ou ouviram a cena gritaram: "Olhem, é um milagre!" e aproximaram-se, fazendo muitos festejos, e tentaram persuadir Rorasa de que a responsável por seu salvamento havia sido a Madona.

Mas a senhora, sua salvadora, procurando-a em segredo, lhe disse: "Se tens algum desejo, segue o Evangelho de Diana, ou o que chamam de Evangelho das Bruxas (*Il Vangelo delle Strege*), no qual se venera a Lua".

"Se la Luna adorerai
Tutto tu otterai"

"Se a Lua adorares, então
tudo o que desejas obterás."

Saiu então a bela jovem sozinha à noite, pelos campos, e ajoelhando-se sobre a pedra de uma ruína antiga, prestou culto à Lua, e assim invocou *Diana*:

Diana, bella Diana!
Tu che della grande caduta
Mi ai bene salvata!
Ti prego di farmi una altra grazia,

Di farmi far' un bello sposalizio,
Una sposalizio ricco e 'compagnato
Da molte signore...
Se questa grazia mi farai

Sempre il Vangelo delle Strege
lo asseriro.

Tradução

Diana, bela *Diana!*
Tu que me salvaste de terrível morte
Quando caí naquela ravina escura!
Peço-te que me concedas mais esta graça.
Dá-me um glorioso casamento, e ainda
Muitas damas de honra, belas e nobres;
E se com este favor me agraciares,
Fiel serei ao Evangelho das Bruxas!

Ao despertar na manhã seguinte, viu-se Rorasa em outra casa, onde tudo era muito mais magnífico e, ao se levantar, uma bela camareira conduziu-a a outra dependência, onde a vestiu com um belo traje de noiva. Apareceram então dez jovens, todas esplendidamente vestidas, e por elas acompanhada, além de muitas outras pessoas distintas, seguiu para a igreja em uma carruagem. E em todas as ruas havia música e pessoas levando flores.

Encontrou-se então com o noivo, e casou-se conforme o desejo de seu coração, com uma suntuosidade dez vezes maior do que havia sonhado. Após a cerimônia houve uma celebração geral na qual esteve presente toda a nobreza de Cettardo e, além disso, toda a cidade, ricos e pobres, festejou.

Quando as bodas se acabaram, cada dama de honra deu à noiva um magnífico presente – uma lhe deu diamantes; outra, um pergaminho (escrito) em ouro, e em seguida pediram-lhe permissão para irem até a sacristia.

E ali ficaram por algumas horas, sem serem perturbadas, até que o padre lhes enviou seu clérigo para indagar o que desejavam. Porém, qual não foi sua surpresa quando ele não encontrou as damas de honra, mas sim dez imagens de madeira e terracota, e no centro Diana em pé sobre a Lua, e todas tão esplendidamente confeccionadas e adornadas, que seriam de imenso valor.

Por isso, o padre colocou essas imagens na igreja, que é a mais antiga de Cettardo, e agora em muitas igrejas pode-se ver a Madona e a Lua, mas é Diana – *la Dea della Luna*. O nome Rorasa parece indicar o Latim, *ros*, orvalho, *rorare*, orvalhar, *rorulenta*, orvalhada – de fato, a Deusa do Orvalho. Sua grande queda, da qual Diana a ergueu, sugere a descida do orvalho da noite, e sua elevação em forma de vapor sob a influência da Lua. É possível que este seja um conto mítico latino muito antigo. A seda branca e os diamantes indicam o orvalho.

Capítulo XI

A Casa do Vento

"Ouve o ruído e o assoviar dos ventos,
Seu cavernoso zumbido ao chegar rugindo,
Com a força de muitas vozes que, quando se elevam,
A tempestade flutuante clama com terrível alegria
E ecoa, golpeando as encostas das montanhas,
Depois cai com estrondo na floresta. Ouve o brado!
Certamente um deus soltou seus leões
E ri ao ouvi-los enfurecidos ao longe."

C. G. Leland

A história a seguir não faz parte do Evangelho, porém eu a incluí por confirmar o fato de que o culto a *Diana* coexistiu por muito tempo com o Cristianismo. Seu título completo no manuscrito original, redigido por Madalena, após ouvi-la de um homem nativo de Volterra, é *A Peregrina da Casa do Vento* (*La Pellegrina della Casa al Vento*). Pode-se acrescentar, conforme o afirma o conto, que a casa em questão ainda ali se encontra.

Na falda da colina, ou aclive, que conduz a Volterra, há uma casa de camponeses, que é chamada de Casa do

Vento. Em suas proximidades, erguia-se a pequena morada de um casal, que só tinha uma filha a quem adoravam. De fato, bastava que a criança tivesse uma simples dor de cabeça para que ambos fossem tomados de temor.

Pouco a pouco, a criança foi crescendo, e a mãe, muito devota, só tinha um pensamento, torná-la freira. Porém, essa ideia não agradava à garota, que declarou ser seu desejo casar-se como as outras. E, ao olhar pela janela, certo dia, viu e ouviu os pássaros cantando nas vinhas e entre as árvores com muita alegria, e então ela disse à mãe que um dia teria uma família de passarinhos que, ao seu redor, cantariam em um alegre ninho. Ao ouvir isso, a mãe ficou tão zangada que lhe deu um tapa. A jovem chorou, mas respondeu com vivacidade que, se continuasse a ser agredida ou tratada dessa maneira, com toda a certeza logo daria um jeito de fugir e casar-se, pois não podia tolerar a ideia de tornar-se freira contra a sua vontade.

Com essas palavras, a mãe realmente assustou-se, pois conhecia a índole da filha, e receou que ela já tivesse um amante, podendo então fazer grande escândalo pelo tapa recebido; e, mudando de atitude, lembrou-se de uma velha senhora de boa família, porém muito pequena, famosa pela inteligência, sabedoria e pelo poder de persuasão, e pensou então: "É exatamente de uma pessoa assim que minha filha precisa para tornar-se piedosa, inculcando-lhe devoção e induzindo-a a ser freira". Assim, enviou a filha a esta pessoa sagaz, que logo foi designada governanta e assistente constante da jovem, que, em vez de discutir, se tornou muito afeiçoada a ela.

Porém, nem tudo nesse mundo acontece exatamente como se quer, e não se sabe que peixe ou caranguejo pode ser escondido sob uma pedra em um rio. E sucedeu que a governanta não era de forma alguma católica, como logo se verá, e não aborrecia sua pupila com ameaça de vida monástica e muito menos com sua aprovação.

Assim, ocorreu que a jovem, que tinha o hábito de ficar desperta em noites enluaradas para ouvir o canto dos rouxinóis, pensou certa vez ter ouvido a governanta, no quarto ao lado, cuja porta estava aberta, levantar-se e sair até a grande varanda. Na noite seguinte, o mesmo aconteceu e, levantando-se suavemente, sem ser pressentida, ela viu a senhora orando, ou pelo menos ajoelhada ao luar, em conduta que lhe pareceu um pouco estranha, principalmente porque, de joelhos, pronunciava palavras que a mais jovem não podia entender e, certamente, não faziam parte dos ritos da Igreja.

Por fim, muito intrigada com o estranho fato, com tímidas desculpas, a jovem contou à governanta o que vira. Esta, após breve reflexão, fazendo-a antes jurar segredo de vida ou morte, por ser, como afirmou, um assunto muito perigoso, disse-lhe então:

"Eu, como tu, fui instruída em minha juventude pelos sacerdotes a venerar um deus invisível. Mas uma mulher idosa, em quem depositava grande confiança, disse-me certa vez: 'Por que adorar uma deidade que não se pode ver, quando há a Lua visível em todo o seu esplendor? Adora-a. Invoque *Diana*, a deusa da Lua, e ela atenderá seus pedidos'. É isso que deves fazer, obedecendo ao Evangelho (*Vangelo*) de Diana (das Bruxas), que é a Rainha das Fadas e da Lua".

Nesse momento, persuadida, a jovem converteu-se ao culto de *Diana* e da Lua, e pedindo de todo o coração um amante (depois de aprender a conjuração da deusa),[22] logo foi recompensada pela atenção e afeição de um bravo e rico cavaleiro, de fato um pretendente tão admirável quanto se poderia desejar. Porém, sendo-lhe mais gratificante a vingança e a cruel vaidade que a felicidade da filha, a mãe enfureceu-se com isso e, indo o cavalheiro à sua procura, mandou-o embora, pois havia feito a promessa de que a filha seria freira, e haveria de sê-lo, senão morreria.

A jovem foi então trancafiada na cela de uma torre, sem nenhuma companhia, nem mesmo a de sua governanta, em grande angústia e aflição, sendo obrigada a dormir sobre o chão de pedra, e morreria de fome se a mãe a mantivesse nessa condição.

Então, nesta terrível necessidade, orou para que *Diana* a libertasse; e qual não foi sua surpresa quando descobriu que a porta da prisão estava sem ferrolho, e pôde escapar com facilidade. Valendo-se então de uma indumentária de peregrino, viajou para um lugar distante, ensinando e pregando a religião dos tempos antigos, a religião de *Diana*, Rainha das Fadas e da Lua, deusa dos pobres e oprimidos.

A fama de sua sabedoria e beleza a precedia em toda a parte, o que a fazia venerada pelas pessoas que a chamavam A Bela Peregrina. Tendo sua mãe, afinal, ouvido falar dela, e mais furiosa do que nunca, depois de tantos problemas, mandou que a prendessem e a jogassem mais uma vez na prisão. Então, em verdadeira má-fé, indagou-lhe se iria

22. Este encantamento é apresentado no capítulo "Um Encantamento para Conquistar Um Amor".

tornar-se freira; ao que lhe respondeu a filha que não seria possível, pois havia deixado a Igreja Católica e se tornara uma adoradora de *Diana* e da Lua.

Por fim, considerando a filha perdida, a mãe a entregou aos sacerdotes para ser submetida à tortura e depois à morte, como costumavam fazer com quem não concordasse com eles ou renegasse sua fé.

Mas as pessoas não ficaram muito satisfeitas com isso, pois lhes agradavam a beleza e a bondade da jovem, não sendo poucos os que também haviam desfrutado de sua caridade.

Com a ajuda de seu amante, porém, ela obteve a última graça: na véspera da noite em que seria torturada e executada, em companhia de um guarda, pôde ir até o jardim do palácio para orar.

E assim o fez, em pé, à porta da casa, que ainda existe, à luz da Lua Cheia de *Diana*, uma prece para ser libertada da terrível perseguição imposta que, por vontade dos pais, havia sido enviada a uma terrível morte.

Nesse momento, os pais e os sacerdotes, e todos os que queriam sua morte, encontravam-se no palácio, vigiando-a para que não fugisse.

Mas, ora, vejam! Em resposta à sua prece, abateu-se uma terrível tempestade e um vento assolador, um temporal nunca visto antes, que destruiu e varreu o palácio, juntamente com todos os que nele estavam, não restando ali pedra sobre pedra, nem uma alma viva de todos os presentes. Os deuses ouviram sua súplica.

A jovem escapou, para sua felicidade, com o amante, e com ele casou-se, e a casa do camponês, onde havia permanecido, é ainda chamada *La Casa al Vento*, ou A Casa do Vento.

Essa é uma *história* muito precisa, conforme foi-me transmitida, porém tomo a liberdade de admitir que condensei em grande parte a linguagem do texto original, que consiste em 20 páginas, e à parte informações desnecessárias, indica a capacidade do narrador em escrever um conto em estilo moderno, ou mesmo um francês de segunda categoria, o que já é muito. Na verdade, não há descrições detalhadas do cenário, céu, árvores, ou nuvens – e, nesse caso, muito haveria a ser dito de Volterra – porém, o conto foi prolongado para mostrar uma dádiva. No entanto, a narrativa em si mesma é estranhamente original, por ser uma relíquia do paganismo clássico puro, e tal sobrevivência da fé na antiga mitologia não encontra parâmetros no que se reflete em segunda mão no helenismo dos estetas.

Que uma real veneração, ou crença, pelas divindades clássicas sobreviva até os dias de hoje na própria terra do papado, é um fato muito mais curioso que a descoberta de um mamute vivo em algum canto esquecido da Terra, por tratar-se, o primeiro, de um fenômeno humano. Posso antever a chegada desse dia, talvez não muito distante, em que o mundo dos estudiosos será tomado de assombro ao considerar esse período tardio de sobrevivência um imenso conjunto de antigas tradições, no Norte da Itália, e a grande indiferença dos eruditos a esse respeito; e que somente um homem, um estrangeiro, esteve honestamente preocupado em colher e preservar essas tradições.

É muito provável que entre os mártires pagãos, forçados a renegar suas amadas deidades, como Diana, Vênus, as

Graças e outras, cultuadas por sua beleza, tenham ocorrido inúmeros episódios tocantes, como houve entre os cristãos atirados aos leões. E o pagão *amava* seus deuses com uma simpatia humana pessoal, sem misticismo ou medo, como se suas relações fossem consanguíneas; e muitos acreditavam ser esse realmente o caso quando acontecia de uma donzela cometer alguma falha, que era atribuída a um deus, a um fauno ou a um sátiro; o que muito sensibiliza. Há muitos prós e contras com relação a idólatras, ou adoradores de ídolos, conforme definição que ouvi de uma garotinha.

Capítulo XII

Tana, a Deusa da Lua

A história a seguir, que consta originalmente em *Legends of Florence*, foi colhida por mim junto ao povo, não faz parte exatamente do *Evangelho das Bruxas*, por não estar em estrita conformidade com este último; e ainda assim não pode ser omitida, por versar sobre o mesmo tema. Nessa história, Diana surge simplesmente como a deusa lunar da castidade, e portanto não como bruxa. Foi-me transmitida como Fana, porém disse minha informante que poderia ser Tana, mas não tinha certeza. Como Tana aparece em outro conto, há pouco a ser questionado.

Tana, la Dea della Luna

Tana era uma jovem muito bela, porém de extrema pobreza, sendo tão modesta e pura quanto bela e humilde. Ela trabalhava ora para um, ora para outro *contadino* (lavrador), de fazenda em fazenda, e assim levava uma vida honesta.

Porém, um jovem colega, muito rude e feio, bestial e abrutalhado, tomado de amores, procurava-a, e ela, por sua vez, mal podia olhar para ele, repelindo-o a cada tentativa de aproximação.

Uma noite, porém, já bem tarde, quando voltava da fazenda para casa, após o trabalho, esse homem, que se havia ocultado atrás de uma moita, saltou à sua frente, gritando: "Não poderás fugir, serás minha!". E ao ver que não contava com nenhum socorro nas vizinhanças, e somente a Lua a olhava dos céus, em desespero, Tana pôs-se de joelhos e gritou:

Ninguém há na Terra para me defender
Só tu me vês neste dilema,
Portanto, rogo-te, ó Lua!
Tu que és bela e tão brilhante,
E lanças teu esplendor sobre toda a humanidade,
Que ilumines então a mente
Deste pobre rufião que me intenta o mal,
E até o pior. Lança tua luz em sua alma,
Para que me deixe em paz, e então
Retorne eu para casa em tua luz!"

Ao dizer isso, apareceu à sua frente a forma de uma sombra brilhante – *una ombra bianca* – que disse:

"Levanta-te e vai para casa
Tu bem mereceste esta graça;
Ninguém mais te irá importunar,
Tu, a mais pura na Terra!
Uma deusa serás, a Deusa da Lua,
Rainha de todos os encantamentos!"

Mesmo que a ária esteja em um tom diferente, esse é um poema de pura melodia, assim como em *Goody Blake and Harry Gill.* Tana e a velha dama, surpreendidas e aterrorizadas, oram a um poder superior:

"Com a fria, fria Lua, sobre a cabeça,
De joelhos orou então Goody;
E o jovem Harry, ouvindo o que dizia,
Frio como o gelo, as costas lhe virou."

A dramática cena é exatamente a mesma nos dois casos. A balada inglesa transforma-se discretamente em uma crise incurável de calafrios em um jovem rude e cúpido; a bruxa-poeta italiana, com um senso requintado, ou mais simpatia pela heroína, afasta o bruto para o lado, sem nenhuma outra menção, e diviniza a donzela, identificando-a com a Lua. A anterior é mais prática e provável que a última, de cunho mais *poético*.

Apesar da digressão, vale ressaltar aqui que uma imensa maioria das pessoas capaz de perceber, sentir e avaliar a poesia em simples palavras ou *forma* – isto é, objetivamente – dificilmente notaria, ou saberia, quando ela é apresentada de modo subjetivo, ou quando um pensamento é enquadrado em algum tipo de verso ou métrica, ou estilo estabelecido. Este é um curioso experimento que vale a pena estudar. Tome-se como exemplo um trecho de um poeta famoso, escrito em prosa pura e simples, fazendo total justiça ao seu real significado, se como na poesia ele for realmente emocionante ou comovente, então será de primeira grandeza. No entanto, se totalmente desprovido de encanto, o texto será de segunda categoria, ou inferior, pois a melhor poesia não se faz com meras palavras sob o verniz das associações, sejam elas de pensamento ou emoção.

Esse aspecto não está tão distante do assunto quanto poderia parecer. Quando leio e sinto subjetivamente, muitas vezes surpreende-me o fato de que nessas tradições das bruxas que compilei, há uma maravilhosa poesia de pensamento superando de longe os esforços de muitos bardos modernos, e bastaria a ajuda de algum inteligente artífice das palavras para que seu nível se elevasse. Uma prova do que afirmo pode ser encontrada no fato de que, em poemas tão famosos quanto *Finding of the Lyre*, de James Russell Lowell, e o que versa sobre a invenção da flauta de Pã, da Sr[a]. Browning, os dois autores omitem aquela porção mais sensível e refinada dos mitos originais, por simples descuido ou falta de percepção.

Pois, no primeiro poema, o leitor não é informado de que é o sopro do deus *Ar* (que era a alma da música antiga e, na moderna mitologia das bruxas, *Bellaria)* no filamento seco da tartaruga, que sugeriu a Hermes a confecção de um instrumento com o qual criou ele a música das esferas e orientou o curso dos planetas. Quanto à Sr[a]. Browning, ela omite completamente a Siringe (*Syrinx*), ou seja, a voz da ninfa que ainda repercute na flauta que havia sido seu corpo. Então, a meu ver, na antiga narrativa em prosa desses mitos, há uma poesia mais profunda e comovente e até mais inspirada na beleza e no romance que em versos bem rimados em conformidade com a métrica, mas em versões imperfeitas, apresentadas por nossos poetas. De fato, esse desejo de inteligência ou percepção é encontrado em todos os poemas "clássicos", não apenas de Keats, mas de quase todos os poetas da época abordando temas gregos.

Uma considerável licença poética é concedida a pintores e poetas, não obstante, quando abordam um assunto, em especial uma tradição arraigada, sem perceber o *significado real* ou sem atingir o objetivo, eles simplesmente nos oferecem um trabalho que prima pela beleza, mas com tão pouca inspiração no significado original, que é mínima a possibilidade de afirmar-se que fizeram o melhor possível ou, de fato, deveriam fazer. Acho que esse tipo de falha não ocorre nas versões das bruxas italianas ou toscanas de lendas antigas; pelo contrário, elas valorizam muito, e até expandem, o espírito antigo. Portanto, muitas vezes, tive a oportunidade de observar que não era impossível, em alguns casos de tradição popular, mesmo em sua apresentação atual, uma preservação mais completa e precisa que a encontrada em qualquer escritor latino.

Agora, a propósito de não se atingir o objetivo, gostaria de lembrar certos leitores muito textuais que, se encontrarem muitos erros gramaticais, gráficos e piores, nos textos italianos desta obra, não os atribuam à ignorância desse autor, como o fez um renomado revisor, mas sim à educação imperfeita da pessoa que os coletou e registrou. Lembrei-me do fato, ao ver em uma biblioteca circulante um exemplar do meu livro *Legends of Florence*, no qual uma boa alma teve a paciência de corrigir a lápis todos os arcaísmos encontrados.

Seja quem for, essa pessoa agiu como um certo revisor de Boston que alterou, em meu livro, a ortografia de muitas citações de Chaucer, Spenser e outros, embasado em um Webster mais puro, ou impuro; tal atitude refletiu a impressão de que esse autor ignorasse completamente a ortografia. Quanto a escrever ou danificar uma obra que, em parte, é um patrimônio da humanidade, é não apenas um crime de vulgaridade, mas também de moralidade, indicando que *as pessoas são* mais do que imaginam ser.

> "Só um grosseiro, vulgar como um ladrão,
> Escreve em um livro, ou lhe arranca uma folha,
> Visto que todos bem sabem que só os ladrões
> Apropriam-se do que não lhes pertence."

Capítulo XIII

Diana e as Crianças

"E aconteceu que Diana também ali surgiu
Com um arco na mão direita, como Caçadora,
E disse: 'Filha, diminua o seu fardo!'
E, prosseguindo, então, desapareceu."

The Knight's Tale – Chaucer (C. T.)

Havia em Florença, num tempo muito longínquo, uma família nobre, que empobrecera tanto que poucos e esparsos eram seus dias de festa. Não obstante, ainda viviam todos em seu antigo palácio (que ficava na rua hoje chamada La Via Cittadella), um belo edifício antigo, e assim mantinham para a sociedade uma magnífica aparência, quando na verdade havia dias em que mal tinham o que comer.

Circundava esse palácio um grande jardim, onde havia uma antiga estátua de *Diana,* em mármore, como uma linda mulher que corria com um cão ao seu lado. Tinha um arco na mão e, na testa, um pequeno crescente lunar. E dizia-se que, à noite, quando tudo silenciava, a estátua adquiria vida, e fugia, só retornando quando a Lua desaparecia ou ao nascer do Sol.

O pai da família tinha duas bondosas e inteligentes crianças. Um dia, elas chegaram em casa com muitas flores que lhes haviam presenteado, e a garotinha disse ao irmão: "A bela senhora com o arco deveria ganhar algumas destas flores!"

A estas palavras, ambos depositaram algumas flores diante da estátua, e fizeram uma guirlanda que o menino colocou em sua cabeça.

Nesse momento, entrou no jardim o grande poeta e mágico Virgílio, que tudo sabia a respeito de deuses e fadas, e disse, sorrindo: "A oferenda de flores à deusa foi feita de maneira correta, como se fazia antigamente; só é preciso agora pronunciar a prece de forma adequada,[23] assim":

E então recitou a **Invocação à Diana:**

Bella dea dell'arco!
Bella dea delle freccie!
Della caccia e dei cani!
Tu vegli colle stelle,
Quando il sole va dormir
Tu colla luna in fronte
Cacci la notte meglio del di.
Colle tue Ninfe, al suono
Di trombe – Sei la regina
Dei cacciatori – regina delle notte,
Tu che sei la cacciatrice
Più potente di ogni,

23. A parte mais importante da bruxaria é a entoação correta dos encantamentos, de maneira muito parecida aos cânticos da Igreja ou recitações árabes. Por isso, aparentemente, a prosa constitui a maioria dos encantamentos.

Cacciator – ti prego
Pensa un poco a noi!

À Diana

Adorável deusa do arco!
Bela deusa das flechas!
De todos os cães de caça e toda a caça
Tu que caminhas no céu estrelado
Quando, sonolento, o Sol desaparece
Tu que ostentas a Lua em tua fronte,
E preferes perseguir a caça à noite
A caçar em plena luz do dia,
Com tuas ninfas, ao som da música
Da trompa – a ti, que és a caçadora,
E a mais poderosa, suplico
Que penses, só por um instante,
Em nós, que te dirigimos esta prece![24]

Virgílio ensinou-os também a fazer a *Scongiurazione* (Conjuração), ou encantamento a ser recitado quando se necessita de boa sorte ou algo especial.

A Conjuração de Diana

Bella dea del arco del cielo!
Delle stelle e della luna!
La regina più potente
Del cacciatori e della notte!
A te ricorriamo,

24. Deve ser observado que as invocações são estritamente um salmo, ou hino, de elogio; a *scongiurazione* (conjuração) é um pedido ou súplica, embora muitas vezes assuma a forma de uma ameaça. Isso só existe na bruxaria clássica.

E chiediamo il tuo aiuto
Che tu possa darci
Sempre la buona fortuna!

Tradução

Bela deusa do arco-íris!
Das estrelas e da Lua!
Rainha dos mais poderosos
Dos caçadores e da noite!
Pedimos teu auxílio,
Tu que nos podes dar
A melhor sorte!

Em seguida, acrescentou a conclusão:

"Se la nostra scongiurazione
Ascolterai,
E buona fortuna ci darei,
Un segnale a noi lo darei!"

Se ouvires nossa evocação
E nos deres a boa sorte,
Dá-nos então como prova um sinal![25]
E depois de tê-los ensinado, Virgílio partiu.

---

25. Algo foi omitido aqui, entretanto, que pode ser suprido por muitos outros encantamentos semelhantes. Era provavelmente assim:
Se me fores favorável
E atenderes meu pedido,
Então faze-me ouvir
O latido de um cão,
O relincho de um cavalo
O coaxar de um sapo,
O chilreiro de um pássaro.
Três ou quatro desses sons em geral eram selecionados. Há um número maior ou menor de variações, mas raramente divergem no conjunto. Às vezes são solicitadas

As crianças foram então contar aos pais o que havia acontecido, e estes lhe pediram que guardassem segredo, sem deixar escapar uma só palavra a ninguém a esse respeito. Mas qual não foi sua surpresa quando logo na manhã seguinte, diante da estátua, havia um veado, recém-abatido, que lhes proporcionou bons jantares durante vários dias, e desde então, sempre que desejavam uma caça de qualquer tipo, bastava-lhes proferir uma prece com devoção.

Era, porém, vizinho da família um sacerdote, que tinha verdadeiro horror a quaisquer ritos ou cultos aos deuses da Antiguidade, enfim, a tudo o que não pertencesse à sua religião e, passando um dia pelo jardim, viu a estátua de *Diana* que ostentava uma guirlanda de rosas e outras flores. Tomou-se de cólera, e vendo na rua um repolho apodrecido, revolveu-o na lama, atirou-o contra o rosto da deusa, respingando-a, e disse:

Ecco mala bestia d'idoli!
Questo e l'omaggio che io ti do,
Gia che il diavolo ti aiuta!

Aí está, besta infame da idolatria!
A homenagem que te faço,
E que o diabo a complete agora!

Ouviu então, o padre, uma voz que vinha das sombras, onde as folhas eram densas:

Bene, bene! Tu mi hai fatto
L'offrando – tu avrai

manifestações visíveis, por exemplo, um relâmpago. Ver um cavalo branco é sinal de que a oração será ouvida depois de algum tempo. Também significa vitória.

La tua porzione
Della mia caccia. Aspetta!

Está bem! Vou dar-te um aviso,
Agora que está feita tua oferenda,
Breve trarei tua porção de caça;
Tu a terás logo ao amanhecer.

Durante toda a noite, o padre foi atormentado por sonhos terríveis e pavor e, por fim, pouco antes das três da manhã, adormeceu, despertando em seguida de um pesadelo que lhe dava a sensação de um peso apoiado sobre o peito. De fato algo lhe caiu do peito, rolando pelo chão. Levantou-se então para apanhá-lo e, examinando-o à luz do luar, viu que se tratava de uma cabeça humana, meio decomposta.[26]

Outro padre, ao ouvir seu grito de terror, entrou no quarto e, ao ver a cabeça, disse:

"Conheço esse rosto! É de um homem a quem ouvi em confissão, e há três meses foi degolado em Siena".

Três dias depois, o padre que havia insultado a deusa morreu.

Esse conto não me foi transmitido como parte do *Evangelho das Bruxas*, mas sim como uma das inúmeras tradições relativas a Virgílio, como mago. No entanto, é-lhe reservado um lugar apropriado neste livro, por conter

26. *"La testa d'un uomo piena di verme e puzzolente."* ("A cabeça de um homem, cheia de vermes e fedorenta"). Uma paródia do gênero que corresponde ao repolho deteriorado, muito mais completa que o final do conto alemão que a este se assemelha.

a invocação e o encantamento de Diana, de notável beleza e originalidade.

Quando nos lembramos de que maneira nos entregaram esses "hinos", ou foram preservados por uma mulher idosa, sem dúvida bastante adulterados, modificados e deformados pela transmissão, não deixa de nos maravilhar que tanta beleza clássica ainda exista neles, por exemplo:

"Adorável deusa do arco!
Bela deusa das flechas!
Tu que caminhas no céu estrelado!"

Robert Browning foi um grande poeta, mas, se compararmos todos os poemas das bruxas italianas de e para *Diana* com o tão admirado discurso de Diana-Artêmis, certamente críticos imparciais hão de admitir que os encantamentos são exatamente iguais ao poema do bardo:

"Sou a deusa das cortes ambrosíacas,
À exceção de Hera, Rainha do Orgulho,
Por ninguém superada,
Cujos templos branquejam este mundo:
Ao longo do Céu faço girar minha lúcida Lua,
Derramando no Inferno minha paz às gentes,
Na Terra, cuido das criaturas, guardo a loba amarela
E a raposa prenhe de pelos macios,
A implume ninhada da ave mãe,
E todas as amadas tocas e os ermos verdejantes."

É bonito, mas mera imitação, não se igualando nem na forma, nem em espírito, aos encantamentos, que exprimem uma fé sincera. Aqui, pode-se ainda observar, com tristeza, embora seja verdade, que em grande número de composições poéticas, cujos temas são os mitos clássicos, os escritores, a despeito de seu gênio, produziram apenas obras em estilo rococó, e como tal serão consideradas por outra geração, pois não compreenderam ou omitiram, por ignorância, algo de vital que ao folclorista provavelmente não passaria despercebido. Aquiles pode ser admiravelmente representado, como já vi, com uma peruca Luís XIV e uma cimitarra turca, mas, ainda assim, seria desejável que o artista estivesse um pouco mais familiarizado com as armas e a vestimentas gregas.

Capítulo XIV

Os Duendes Mensageiros de Diana e Mercúrio

A próxima lenda não me foi transmitida como parte integrante do *Evangelho das Bruxas*, mas pelo enfoque em *Diana* e pelo conceito de *Diana* e Apolo sob outra forma, assim eu a incluí nesta série.

Havia, há muitos séculos, um duende, gnomo, espírito, ou demônio-anjo – *chi sa*? – quem sabe o que era? E Mercúrio, o deus da velocidade e da rapidez, muito contente com este diabrete, agraciou-o com o dom de correr como o vento, e quando saísse em perseguição de um espírito, ser humano ou animal, teria certamente o privilégio de alcançá-lo ou capturá-lo. Este duende tinha uma bela irmã, mensageira como ele, porém não dos deuses, e sim da deusa (havia uma deusa para cada deus em escala descendente até os espíritos menores); e no mesmo dia Diana dotou esta fada com o poder de nunca ser alcançada, ao sofrer perseguição de quem quer que fosse.

Um dia, o irmão, vendo-a passar célere como um raio no céu, sentiu-se tomado por estranho e súbito desejo de rivalizar-se com ela. Assim, ao vê-la passar rapidamente por ele, seguiu em seu encalço, porém mesmo predestinado a alcançá-la, ela por sua vez estava predestinada a nunca ser alcançada; portanto, a vontade de um deus supremo foi contrabalançada pela vontade de outro.

Dessa forma, os dois continuaram a correr velozmente pelos extremos do céu, e a princípio todos os deuses gargalharam, mas, ao entenderem a situação, assumiram um ar grave, perguntando-se como aquilo iria acabar.

O grande deus-pai disse então:

"Vejam a Terra em sombras e trevas! Vou transformar a irmã em Lua e o irmão em Sol. E, então, ainda que sempre lhe fuja, será alcançada por sua luz, que a distância sobre ela incidirá, pois os raios do Sol são suas mãos, que à frente se estendem em cálido abraço, ainda que sempre sejam evitadas".

E assim diz-se que esta corrida recomeça no primeiro dia de cada mês, quando a Lua, por ser fria, *está, como uma cebola, recoberta por muitas camadas*. Mas, ao iniciar a corrida, ela se aquece e retira cada uma das peças de seu vestuário, até ficar nua, quando então para, e em seguida se veste, recomeçando a corrida.

Assim como rompe-se a grande nuvem de tempestade em gotas brilhantes, os grandes mitos do passado se dispersam, como essas gotas, em pequenos contos de fadas, que por sua vez se reúnem

"En nivière ou sur l'estang"

("Num lago silencioso ou num riacho solitário".)

Assim, escreveu Villon, também se formaram os mitos menores, ou seja, das águas que correm das vertentes. Nesta história, é clara a alusão ao cão feito por Vulcano e ao lobo-Júpiter que define a questão, petrificando-os, segundo se lê em *Julius Pollux*, sua quinta obra, ou em qualquer outro livro de mitologia:

Is canis fuit postea à Jove in lapidem conversus.

('Como se sabe, o cão de caça
Foi por Júpiter em pedra transformado')

O notável nesta história é que a Lua foi comparada a uma cebola. "A cebola", diz Friedrich (*Symbolik der Natur*, p. 348), "por suas muitas peles, era, para os antigos egípcios, o símbolo e o hieroglifo das muitas formas da Lua, cujas diferentes fases são vistas tão claramente quando sua raiz é cortada; e também porque seu crescimento ou diminuição corresponde aos do planeta. Por isso, a cebola era dedicada a Ísis, a Deusa Lua." E, por esta razão, a cebola era tão sagrada a ponto de se considerar que dentro dela havia uma espécie de deidade; o que fez Juvenal observar que os egípcios eram um povo feliz por terem deuses que cresciam em seus jardins.

Capítulo XV

Laverna

O curioso conto e o encantamento a seguir não fazem parte do texto do *Vangelo (*Evangelho), porém é muito evidente que pertençam ao ciclo, ou série, de lendas a ele associadas. *Diana* se revela a protetora de todos os párias, dos indivíduos que trocam o dia pela noite e, consequentemente, dos ladrões; e Laverna, como se pode verificar em *Horácio* (*Epístolas*, 16,1) e *Plautus*, distinguia-se por ser a protetora dos larápios e de todas as malandragens. Nessa história ela também aparece como bruxa e humorista.

Foi-me transmitida como uma tradição de *Virgílio* que, com frequência, surge como alguém familiarizado com a sabedoria maravilhosa e oculta dos tempos antigos.

Ocorreu numa ocasião em que Virgílio, conhecedor de todas as coisas ocultas, ou magia, e também mago e poeta, após ouvir o discurso (ou oração) de um famoso orador, foi indagado sobre o que pensava a respeito do que ouvira. Respondeu ele:

"Parece-me impossível dizer se todo o discurso não passou de uma introdução ou se era uma conclusão; mas certamente faltou-lhe a parte central – o corpo. Algo muito semelhante a um certo tipo de peixe do qual não se sabe com certeza se é constituído só de cabeça ou de cauda; ou como a deusa Laverna, que ninguém nunca soube dizer se só tinha cabeça ou só corpo, nenhum dos dois, ou ambos".

Perguntou então, o imperador, quem poderia ser essa deidade, da qual nunca ouvira falar.

Ao que Virgílio respondeu:

"Entre os deuses, ou espíritos, dos tempos antigos – que eles nos sejam favoráveis! – (havia) uma mulher que era a mais astuciosa e desonesta de todas. Era uma ladra, pouco conhecida das demais deidades, honestas e dignas, por raramente estar no céu ou no país das fadas".

Quase sempre estava na Terra, entre ladrões, batedores de carteiras e alcoviteiros – vivia na escuridão. Certa vez, sob a aparência e disfarce de uma nobre e bela sacerdotisa (de alguma deusa), ela disse a um grande sacerdote (um mortal):

– 'O senhor tem uma propriedade que desejo comprar. É minha intenção construir ali um templo para (nosso) Deus. Juro pelo meu corpo que lhe pagarei dentro de um ano.'

Assim, transferiu-lhe o sacerdote a propriedade.

Porém, não tardou que Laverna vendesse a baixo preço todas as colheitas, os grãos, o gado, a madeira e as aves. Nada restou que valesse sequer alguns vinténs.

Mas, no dia marcado para o pagamento, Laverna não foi encontrada. A deusa estava bem longe, deixando seu credor *in asso* – em apuros!

Nesse ínterim, Laverna foi à procura de um grande senhor, do qual comprou um castelo, muito bem mobiliado por dentro e com muitas terras férteis ao redor.

Mas, desta vez, ela jurou por sua cabeça que o pagaria em seis meses.

E com o senhor do castelo agiu da mesma maneira que com o sacerdote, roubando e vendendo cada bengala, mobília, gado, homens e ratos – nada sobrou para alimentar uma mosca que fosse.

Então, o sacerdote e o senhor, descobrindo quem era ela, apelaram aos deuses [em seu auxílio], queixando-se de que haviam sido roubados por uma deusa.

E assim chegou ao conhecimento deles que se tratava de Laverna.

Portanto, ela foi chamada perante os deuses para julgamento.

E ao ser indagada sobre o que havia feito à propriedade do sacerdote, a quem havia jurado sobre seu corpo fazer o pagamento na data marcada (e por que havia quebrado o juramento), ela respondeu com uma estranha proeza que surpreendeu a todos, pois fez seu corpo desaparecer, ficando visível apenas a cabeça que gritou:

'Vejam! Jurei por meu corpo, mas não tenho corpo!'

Então, todos os deuses gargalharam.

Depois do sacerdote, foi a vez do senhor que também havia sido enganado e a quem havia jurado por sua cabeça. E, em resposta, Laverna mostrou a todos os presentes seu corpo inteiro, que era de extrema beleza, mas sem a cabeça; e do pescoço veio uma voz que disse:

'Olhem para mim, pois sou Laverna, que veio
Responder à queixa desse senhor,
Que jura ter eu contraído uma dívida,
E não a paguei quando vencido o prazo,

Que sou uma ladra por lhe ter jurado
Por minha cabeça – mas, como se pode ver,
Não tenho cabeça, e, portanto,
Certamente não fiz tal juramento.'

Os deuses caíram então em estrondosas gargalhadas, e para resolver a questão ordenaram que a cabeça se unisse ao corpo, e Laverna pagasse suas dívidas, ao que ela atendeu.

Então, Jove tomando a palavra, disse:

'Temos aqui uma deusa maliciosa sem uma ocupação (ou adorador), ao passo que em Roma há inúmeros ladrões, trapaceiros, caloteiros e tratantes – *ladri, bindolini, truffatori e scrocconi* – que vivem de fraudes.

Esse bom povo não tem Igreja nem Deus, o que é uma grande pena, pois até os próprios demônios têm seu mestre, Satã, que é o chefe da família. Portanto, ordeno que, no futuro, Laverna seja a deusa de todos os malandros ou comerciantes desonestos, ao lado de toda a escória e refugo da raça humana, que até então não teve um deus ou um demônio, por serem desprezíveis demais para um e para outro!

E assim Laverna tornou-se a deusa de todas as pessoas desonestas e miseráveis.

Sempre que alguém planejava ou tencionava cometer uma desonestidade ou maldade, entrava em seu templo e invocava Laverna, que então aparecia com a cabeça de mulher. Porém, se o indivíduo desempenhasse mal seu trabalho desonesto, ou fosse desastrado, ao invocá-la novamente só veria seu corpo; porém, se o desempenho fosse inteligente, então seria agraciado com a visão de toda a deusa, cabeça e corpo.

Laverna era tão pouco casta quanto honesta e tinha muitos amantes e filhos. Dizia-se que seu coração não era mau nem era cruel, por isso geralmente se arrependia de sua vida e seus pecados; porém, por mais que se esforçasse, não conseguia se corrigir, por ter paixões tão inveteradas.

Se um homem engravidasse uma mulher, ou uma jovem se descobrisse grávida, e desejasse ocultar o fato ao mundo, e furtar-se ao escândalo, bastava que fosse[27] invocar Laverna todos os dias.

Assim, à hora do parto da suplicante, Laverna a conduzia ao seu templo, à noite, durante o sono, para dar à luz e depois a fazia adormecer novamente, levando-a de volta para casa; e, ao despertar pela manhã, se encontraria na mais vigorosa saúde, sem cansaço, e com a sensação de que tudo não passara de um sonho.[28]

Porém, Laverna era indulgente com as mulheres que desejavam reaver seus filhos, desde que vivessem de modo agradável aos seus olhos e fossem suas fiéis seguidoras.

E esta é a cerimônia a ser realizada juntamente com o encantamento a ser oferecido, todas as noites, à Laverna.

Deve-se determinar um lugar dedicado à deusa, um recinto, um porão ou um bosque, mas sempre um local solitário.

Leve para lá uma pequena mesa do tamanho de uma série de quarenta cartas de baralho, dispostas lado a lado, que deve ficar oculta no mesmo lugar, indo-se lá à noite...

27. Esta era uma característica muito peculiar de Diana, que de certa maneira estava envolvida. Omiti aqui muita verbosidade ou repetição desnecessária do manuscrito original, assim como abreviei o texto subseqüente.

28. Tudo isso sem dúvida indica, em vários sentidos, uma tradição genuína. Em mãos de sacerdotes habilidosos isso se comprovaria um grande auxílio à popularidade.

Distribua as quarenta cartas de baralho sobre a mesa, para lhe servir de cobertura.

Colha as ervas *paura* e *concordia* (medo e concórdia), e as ferva juntas, enquanto repete as seguintes palavras:

Scongiurazione

Fa bollire la mano della concordia,
Per tenere a me concordo,
La Laverna che possa portare a me
Il mio figlio, e che possa
Guardarmele da qualun pericolo.
Bollo questa erba, man non bollo l'erba.
Bollo la paura che possa tenere lontano
Qualunque persona e se le viene
L'idea a qualchuno di avvicinarsi,
Possa essere preso da paura
E fuggire lontano!

Encantamento

"Fervo um ramo de concórdia,
Para manter concórdia e paz
Com Laverna, que pode devolver meu filho
E que ela, com cuidados favoráveis,
Guarde-me, por toda a vida, dos perigos!
Fervo esta erva, mas não é ela que ferve,
Fervo o medo[29], para manter afastado
O intruso e quem aqui vier

29. Suponho que se trate de papoula silvestre. A papoula era especialmente consagrada a Ceres, mas também à noite e seus ritos, e Laverna era uma deidade noturna – um jogo com a palavra medo, *paura,* italiano.

(Espiar meu rito), que dele se apodere
O medo e fuja aterrorizado![30]

Tendo dito isso, ponha em uma garrafa as ervas fervidas e distribua as cartas sobre a mesa, uma a uma, dizendo:

Battezzo queste quaranta carte!
Ma non batezzo le quaranta carte,
Battezzo quaranta dei superi,
Alla dea Laverna che le sue
Persone divengono un Vulcano
Fino che la Laverna non sara
Venuta da me colla mia creatura,
E questi dei dal naso dalla bocca,
E dal' orecchio possino buttare
Fiammi di fuoco e cenere,
E lasciare pace e bene alla dea
Laverna, che possa anche essa
Abbraciare i suoi fighi
A sua volunta!

Encantamento

"À minha frente disponho as quarenta cartas,
Mas não são as cartas que disponho,
E sim quarenta deuses superiores,
À deidade *Laverna,*
Para que se transformem,
Um a um, em vulcões ardentes,
Até que *Laverna* traga meu filho;

30. Esta passagem evoca, estranhamente, o culto à deusa greco-romana *Pavor*, ou Medo, uma serva de Marte. Ela era muito invocada, como nesse caso, para aterrorizar intrusos ou um inimigo.

E enquanto não fizer isso,
Sobre ela hão de lançar
Chamas ardentes de fogo
E brasas incandescentes
Dos narizes, bocas e ouvidos (até que ela se renda);
E só assim poderão deixar *Laverna* em paz,
Livre para abraçar seus filhos à vontade!"

Laverna era a deusa romana dos ladrões, batedores de carteira, lojistas ou negociantes, plagiadores, malandros e hipócritas. Havia, perto de Roma, um templo em um bosque onde os ladrões iam repartir os frutos de seu roubo. Ali se encontrava uma estátua da deusa. Sua imagem, segundo alguns, era a de uma cabeça sem corpo; segundo outros, a de um corpo sem cabeça; porém o epíteto de bela, a ela aplicado por Horácio, indica que ela "concedia disfarces aos seus seguidores e mantinha para si mesma o seu disfarce". Ela era cultuada no mais perfeito silêncio. Isso é confirmado por uma passagem de Horácio (Epist. 16, livro I), em que um impostor, que mal ousava mover os lábios, repetia a seguinte prece ou encantamento:

"Ó deusa *Laverna!*
Concede-me a arte de enganar e dissimular,
Para que os homens pensem que sou justo,
Santo e inocente! Estende toda a escuridão
E a profunda obscuridade sobre minhas iniquidades!"

É interessante comparar essa clássica invocação de inquestionável antiguidade à apresentada anteriormente. A deusa era amplamente conhecida das camadas sociais inferiores e, em *Plautus*, um cozinheiro, de quem haviam furtado os utensílios, invoca-a pedindo-lhe vingança.

Em especial, chamo atenção para o fato de que tanto neste, como em muitos outros encantamentos de bruxas italianas, a deidade ou espírito cultuado, seja *Diana* ou *Laverna*, sofre ameaças de ser atormentado por um poder superior até conceder o favor solicitado. Isso é realmente clássico, ou seja, greco-romano ou oriental, pois o mago recorrendo a todas as fontes não o faz em busca de favores, socorro ou poder, concedidos por Deus ou Satã, mas simplesmente para obter o que lhe foi possível obter e extrair, de certo modo, da natureza infinita ou fonte primária, a duras penas e com muito estudo. Faço menção a isso porque um revisor censurou-me alegando que exagerei o grau de deficiência do *diabolismo* – introduzido pela Igreja a partir de 1500 – na Itália. A verdade, porém, é que entre as classes mais altas de bruxas dificilmente é encontrado o diabolismo. No diabolismo cristão, a bruxa nunca ousa ameaçar Satã ou Deus, ou qualquer integrante da Trindade, ou os anjos, pois todo o sistema fundamenta-se no conceito de uma Igreja e na obediência.

É provável que a erva concórdia tenha este nome por causa da deusa Concórdia, representada segurando um ramo dessa planta. Depois da verbena e da arruda, é importante seu papel na bruxaria.

Apêndice

Comentários sobre os Textos Anteriores

Em 1886, já era de meu conhecimento a existência de um manuscrito estabelecendo as doutrinas da bruxaria italiana, quando então me foi feita a promessa de que, se possível, seria obtido para mim. No entanto, por algum tempo fiquei desapontado quanto a isso.

Porém, após insistentes pedidos a Maddalena, a pessoa a quem encarreguei de colher o folclore, que envidasse esforços para obter ou recuperar algo do gênero, durante sua vida errante pela Toscana, recebi finalmente, em 1º. de janeiro de 1897, o manuscrito intitulado *Aradia, o Evangelho das Bruxas.*

Observe-se, então, que cada ponto importante no enredo ou enfoque do *Vangelo* (Evangelho), por exemplo *Diana* como Rainha das Bruxas; *Herodias* (*Aradia*) sua aliada nas relações com a feitiçaria; o fato de ter gerado um filho de seu irmão Sol (no caso, *Lúcifer*) e por ser a deusa da Lua, está de certo modo relacionada a Caim, que na Lua vive prisioneiro e, ainda, que as bruxas de outrora eram pessoas oprimidas pelos senhores feudais, e disso se vingavam promovendo orgias a *Diana*, as quais eram representadas pela Igreja como cultos a Satã – tudo, repito, tudo isso me foi narrado, ou escrito, de forma fragmentária, por Maddalena (sem mencionar outros especialistas), como se fossem crônicas de Horst ou Michelet e, portanto, integra o presente documento de menor importância. Mas, era de se esperar, a novidade foi a parte apresentada em prosa e poesia que coloquei em métrica ou versos.

Sendo uma tradição conservada por bruxos, é extremamente curioso e interessante que neste *Evangelho* se tenham preservado muitas relíquias do conhecimento, como se pode constatar em registros que nos chegam da Antiguidade.

Há suficientes evidências de que *Aradia* é *Herodias*, considerada, a princípio, uma aliada de *Diana*, a líder das bruxas. Na minha opinião, não se trata de Herodias* do Novo Testamento, porém, de uma versão anterior de *Lilith*, de mesmo nome. É, na realidade, uma identificação com as Rainhas do Céu, ariana e semítica, ou da Noite e da Magia, possivelmente conhecidas dos primeiros criadores de mitos. No sexto século, o culto dedicado a *Herodias* e *Diana* pelas bruxas já era condenado por um Conselho de Igreja em Ancyra. Pipernus e outros escritores observaram a evidente identidade de *Herodias* com *Lilith*. *Ísis* precedeu a ambas.

Diana é definida de forma muito vigorosa, até dramática, nesse poema, como a deusa dos abandonados e descrentes, de ladrões, prostitutas e verdadeiramente dos

* N. do T.: Mais precisamente *Herodíades*.

"servos da Lua", como Falstaff os chamaria. Reconhecia-se, tanto na antiga Roma como na moderna Índia, que nenhum ser humano pode ser tão mau ou vil a ponto de perder todo o direito a alguma forma de proteção divina, e *Diana* era sua protetora. Pode-se também observar que, entre todos os filósofos livres-pensadores, *párias* educados e boêmios livrescos e literários, sempre houve a tendência bem pouco ortodoxa a atribuir falhas e erros da humanidade, principalmente (se não completamente) a causas inevitáveis, contra as quais, nada se pode fazer, como é o caso, por exemplo, da hereditariedade, nascer selvagem, ou pobre, em ambiente libertino, ou até em meio a excesso de "fanatismo e virtude", ou da Inquisição – ou seja, tão grande é a sobrecarga de nosso pecado original que nem toda a liberdade do mundo nos livraria dele.[31]

Durante a chamada Idade das Trevas, ou desde a queda do Império Romano até o século XIII, desenvolveu-se a crença de que as piores inclinações no homem originavam-se dos monstruosos abusos da Igreja e do Estado. Porque, na época, a cada reviravolta da vida, a grande maioria se defrontava com muita desfaçatez, iniquidade e injustiça palpáveis, sem nenhuma lei para proteger os fracos e sem patrões.

Tal percepção levou inúmeros descontentes à rebeldia e, impossibilitados de impor-se pela hostilidade aberta, canalizaram seu ódio para uma forma de anarquia secreta, intimamente misturada, porém, à superstição e a fragmentos da antiga tradição.

31. Em conseqüência, a declaração de tudo saber seria a de tudo perdoar; que pode ter nove décimos de verdade, porém *há* um décimo de culpa responsável.

O que naturalmente se destacava em tudo isso era a adoração a *Diana*, a protetora – pois a alegada adoração a Satã foi uma invenção tardia da Igreja, e na realidade nunca teve relevância na bruxaria italiana até hoje. Isso significa que a bruxaria puramente *diabólica* não teve aceitação geral até o final do século XV, quando, pode-se dizer, foi inventada em Roma para servir de motivo para destruir a ameaçadora heresia da Alemanha.

O desenvolvimento do Sentimento implica em maior sofrimento; o homem nunca é inteiramente infeliz se não perceber as injustiças sofridas, e imagina vislumbrar ao longe uma possível liberdade. Nos tempos antigos, os homens escravizados sofriam menos até por abusos mais graves, por acreditarem que haviam nascido em ínfimas condições de vida. Até mesmo a melhor das mudanças gera dor e o grande despertar do homem deu-se em meio a muitos sofrimentos, que em grande parte ainda perduram. O pessimismo é o resultado de excessiva cultura e *introversão*.

Parece estranhamente fora da perspectiva e da mente de todos os historiadores que muitos dos sofrimentos da humanidade, ou de escravos e pobres, tenham sido bem maiores nos primórdios do Cristianismo, ou até o final da Idade Média e Emancipação dos Servos, do que antes. Isso porque, na época do antigo "paganismo", os humildes não sabiam, nem sequer sonhavam, que todos eram iguais diante de Deus, ou que, aqui mesmo, na Terra, mesmo na condição de escravos, tinham muitos direitos; pois, na verdade, toda a tendência *moral* do Novo Testamento se opõe totalmente não apenas à escravidão como também à dura servidão.

Cada palavra proferida dos ensinamentos sobre piedade e amor, humildade e caridade de Cristo, era, na realidade, uma amarga censura, não apenas a todos os senhores de terras, mas à própria Igreja e seus arrogantes prelados. O fato de muitos abusos terem sido atenuados e existirem santos benevolentes não afeta a questão, como um todo, da humanidade ter permanecido por longo tempo em situação pior que antes, e a grande causa desse sofrimento podia ser chamada de sentimental, ou de consciência recém-surgida dos direitos negados, o que por si só já é uma tortura. E isso agravou-se acentuadamente pela interminável pregação ao povo de que era preciso sofrer e suportar opressão e tirania, e que a Autoridade, em todas as suas expressões, gozava de incomensuráveis direitos que quase sempre serviam para justificar até os piores abusos. E, ao manter a Autoridade da nobreza, a Igreja nada mais fazia senão manter sua própria Autoridade.

O resultado foi a grande disseminação de rebeldes, proscritos e todos os descontentes que adotaram a bruxaria ou a magia como religião, tendo nos magos os seus sacerdotes. Encontravam-se secretamente em lugares desertos, entre velhas ruínas, amaldiçoadas pelos padres que as consideravam abrigos de espíritos malignos ou de antigos deuses pagãos, ou nas montanhas.

Ainda hoje é possível ao habitante da Itália encontrar com frequência lugares retirados, cercados por florestas de antigas castanheiras, rochas, muros sugestivos e ideais para um Sabá, e às vezes até o são tradicionalmente. Também acredito que neste *Evangelho das Bruxas* são apresentados, ao menos em linhas gerais, a doutrina e os ritos observados nesses encontros. Adoravam deidades proibidas e praticavam atos ilícitos, inspirados mais pela rebelião contra a sociedade do que por suas próprias paixões.

Entretanto, no *Evangelho das Bruxas*, tenta-se fazer uma distinção entre os naturalmente maldosos ou corruptos e os párias ou oprimidos, como se depreende dessa passagem:

"Nunca serás como a filha de Caim,
Nem como a raça que ao fim se tornou
Perversa e infame pelo sofrimento,
Como os judeus e os errantes ciganos –
*Todo*s ladrões e facínoras,
Não serás..."

A ceia das Bruxas, os bolos de farinha de trigo, sal e mel, na forma de Luas crescentes, são conhecidos de todo estudioso clássico. Ainda são comuns os bolos em forma de lua ou chifre. Ainda hoje os saboreei e, mesmo sendo conhecidos no mundo inteiro, creio que seu formato se deve à tradição.

Na conjuração da farinha de trigo, ou trigo, é introduzida uma curiosa tradição para mostrar que a *spiga* (espiga), ou os brilhantes grãos de trigo, de onde saem espículas como raios de Sol, devem seu brilho à semelhança com o vaga-lume "que lhes lançam a luz". Sem dúvida, temos aqui uma tradição clássica, embora não possa ser comprovada. Neste *Vangelo* (Evangelho) é citada uma canção de ninar comum, encontrada em contos infantis, que, como muitos outros, tem sua origem na sabedoria das bruxas, onde o vaga-lume *(luciola)* é colocado sob um copo de vidro e conjurado para clarear certas respostas.

A conjuração da farinha de trigo ou do pão, que representa literalmente nosso corpo, além de contribuir para sua formação é profundamente sagrada por proceder da Terra, onde a escuridão e maravilhosos segredos jazem, parece lançar uma nova luz sobre o sacramento cristão. É um tipo de ressurreição da Terra, e foi portanto utilizada nos Mistérios da Santa Ceia, sendo o grão relacionado aos segredos ctônicos, ou a tudo o que se encontrava sob a terra na escuridão. Desse modo, na bruxaria moderna, até as minhocas são invocadas como familiarizadas com os mistérios sombrios e, para adquirir poder órfico, a flauta do pastor deve ficar enterrada por três dias.

E na bruxaria, tudo era, como ainda é, uma espécie de poesia selvagem embasada em símbolos, que se fundem, em luz e sombra, vaga-lumes e grãos, vida e morte.

Certamente é muito estranha a ameaça feita a *Diana*, caso a deusa não atenda a um pedido, porém está em estrita conformidade com a magia antiga, segundo descrição de especialistas clássicos. Isso se repete continuamente em exorcismos ou encantamentos de bruxas. O *magus* (mago), ou bruxo, venera o espírito, mas reivindica o direito, adquirido de um poder superior, de *compelir* até a Rainha da Terra, do Céu e do Inferno a atender à sua súplica. "Dá-me o que te peço, e terás honrarias e oferendas; recusa-te e serás perturbada com insultos." Dessa forma, Canidia e os seus, alardeavam ter o poder de *compelir* os deuses a comparecer à sua presença. Nunca se ouviu falar que uma bruxa satânica invocasse ou ameaçasse a Trindade ou Cristo, ou mesmo anjos e santos. Na verdade, elas nem sequer podem *compelir* o demônio ou seus diabos a obedecer – eles trabalham com toda a boa vontade como escravos. Mas na antiga sabedoria italiana, a feiticeira ou bruxa é tudo ou nada, e seu objetivo é o poder ou a vontade sem limites.

Da antiga crença nas virtudes de uma pedra perfurada, é desnecessário falar. Porém, deve-se observar que na invocação a bruxa sai *bem cedinho* em busca da verbena.

Os antigos magos persas, mais exatamente suas filhas, adoravam o Sol nascente agitando a verbena[32] recém-colhida, uma das sete plantas mais poderosas na magia. Essas sacerdotisas persas ficavam desnudas durante essa adoração, pois a nudez era um símbolo de verdade e sinceridade.

O ato de apagar as luzes, a nudez e a orgia eram considerados os símbolos do corpo sepultado na terra, do grão plantado, ou da transição pelas sombras e pela morte, e do renascimento em novas formas, ou seja, a regeneração e a luz. Com isso, deixava-se à parte a vida diária.

O *Evangelho das Bruxas*, conforme apresentado, é na realidade apenas o capítulo inicial de uma coletânea de cerimônias, "feitiços" e encantamentos, bem como das tradições correntes na fraternidade, ou irmandade, que em grande parte será encontrada no meu livro *Etruscan Roman Remains* e *Florentine Legends*. De fato, tenho em meu poder um grande volume desses textos ainda não publicados e muito mais ainda a reunir, mas o conjunto de escrituras de feitiçaria, principais doutrinas, fórmulas, medicamentos e mistérios podem ser encontrados nas obras que organizei e publiquei. Seria ainda relevante e recomendável que fossem reunidos e publicados em

32. Friedrich, Symbolik, p. 283.

um único livro, que seria inestimável a todo estudante de arqueologia, folclore ou história. Por ter representado a crença de milhões de pessoas no passado, e estar presente em inumeráveis tradições, merece ser mais bem conhecido do que realmente é, e com muito prazer incumbir-me-ia dessa tarefa se tivesse a convicção de que a aceitação do público compensaria os custos e os esforços do editor.

Pode-se realmente observar que não abordei o *Evangelho* e o tema de bruxaria totalmente como *folclore,* na estrita acepção da palavra; ou seja, como mera tradição ou um texto que deva ser principalmente considerado uma variante similar ou diferente de muitas outras tradições, ou que deva ser classificado e organizado em escaninhos para referência. Não obstante, fazer isso não apenas é útil e sensível, mas também produz uma imensa quantidade de valiosas coleções de pesquisa e preservação. Devo dizer ainda – e tenho observado o despertar de algumas mentes geniais para o fato – que o mero estudo dos textos sob esse enfoque gerou uma grande indiferença para com o espírito, chegando em muitos casos a causar, como no Realismo da Arte (ao qual está associado), até mesmo o desprezo para com o tema ou seu significado, conforme a crença original.

Não faz muito tempo, fiquei muito perplexo ao ver que o autor de um trabalho muito erudito sobre música, ao discutir essa arte dos tempos antigos e ainda a oriental, apesar de ser extremamente preciso e minucioso na determinação de escalas pentatônicas e outras escalas, e até no que se pode chamar de simples mecanismos e história da composição, mostrou-se, porém, totalmente ignorante do fato fundamental de que notas, acordes, compassos e melodias eram, em essência, ideias ou pensamentos. Assim, diz-se que *Confúcio* compôs uma melodia que nada mais era senão uma descrição de si mesmo. Agora, se isso não for compreendido, não é possível entender a alma da música antiga, e o folclorista, incapaz de ver além do literal e que se considera "científico", é exatamente como o músico que não tem ideia de como ou por que eram compostas as melodias antigamente.

O capítulo "Como Diana Criou as Estrelas e a Chuva", estranho e mítico, é o mesmo apresentado em meu livro *Legends of Florence*, vol. ii, pág. 229, porém bem ampliado, ou desenvolvido em uma cena cosmogônica-mitológica. E cabe aqui uma reflexão que talvez seja a mais notável sugerida por este *Evangelho das Bruxas*. Em todas as demais Escrituras, de todas as raças, o criador do universo é masculino, Jeová, Buda ou Brama; na Magia das Bruxas o princípio primitivo é a mulher. Na história, em todo período de rebelião intelectual radical contra o conservadorismo estabelecido, a hierarquia etc., há sempre um esforço para considerar a Mulher totalmente igual, ou seja, o sexo superior. Desse modo, na extraordinária guerra entre elementos conflitantes, em estranhas escolas de Bruxaria, Neoplatonismo, Cabala, Cristianismo Herético, Gnosticismo, Magia Pérsia e Dualismo, além dos remanescentes de antigas teologias gregas e egípcias do terceiro e quarto séculos, em Alexandria, e na Casa da Luz, no Cairo, no século XIX, a igualdade da Mulher constituía uma doutrina proeminente. Nesse contexto, era então Sofia ou Helena, a liberta, o verdadeiro Cristo que ia salvar a humanidade.

Quando o Iluminismo, ao lado da magia e do misticismo, além da determinação de regenerar a sociedade de acordo com extremos de livre-pensamento, instilou nos Templários a esperança de dominar a Igreja e o mundo, a igualdade da Mulher, derivada de tradições do Cairo, voltou a ser alvo de atenção. E pode-se ainda observar que, durante a Idade Média, e até no período posterior das intensas agitações que inspiraram huguenotes franceses, jansenistas e anabatistas, a Mulher sempre teve maior participação que antes na vida social ou política. Foi o que também se deu no espiritualismo fundado pelas irmãs Fox de Rochester, em Nova York, e vem-se manifestando de várias maneiras nesse *Fin de Siècle*, na verdade um nervoso caos segundo *Nordau* – deixando evidente que a Mulher é como um peixe que aparece principalmente quando as águas estão agitadas:

"Ó, Mulher, em nossas horas de calma!"

O leitor lembrar-se-á do repouso, mas há de recordar-se também que em eras mais remotas uma grande maioria da humanidade, subjugada pelo poderio, ou grande abuso de poder da Igreja e do Estado, só se manifestava em períodos de rebelião contra as formas ou ideias obsoletas. E a cada nova rebelião, a cada nova manifestação explosiva ou *débâcle* (descongelamento súbito) com inundação e quebra de barreiras, a humanidade e a mulher adquirem algo, ou seja, seus devidos direitos. E assim como a inundação, que ao estender suas águas na amplidão dos campos deixa-os sempre mais fertilizados, também o mundo, de forma global, ganha a cada revolução, por mais terrível ou repugnante que esta seja durante um certo tempo.

A mulher emancipada, ou que reivindica seus direitos, quando presa de entusiasmo, em geral considera o homem limitado, mesmo que seu destino seja o de sobrepujá-lo. Em eras remotas, predominava uma opinião contrária, e ambas estão, ou estavam, aparentemente erradas, no tocante ao futuro. Na verdade, ambos os sexos são progressivos e, nesse sentido, progresso não significa *conflito* entre os princípios masculino e feminino, como se observa nos fundamentos do *Mahabarata*, mas sim uma percepção gradual da verdadeira capacidade e ajuste das relações, ou coordenação de forças – o que de maneira científica faz cessar todo o conflito.

Essas observações são apropriadas ao meu texto e tema, pois é no estudo de outras épocas, quando a mulher se sobressaía e era influente, que se tem conhecimento das reais capacidades do sexo feminino. Entre elas, a habilidade na bruxaria, em sua forma autêntica – e não equivocada como em geral – é tão interessante quanto qualquer outra.

A *Bruxa* – deixando de lado todas as questões relativas à magia ou à sua inexistência – foi, no passado, um fator real ou uma grande força na vida social rebelde, e até hoje – como nos mostram muitos romances – se reconhece que existe algo de estranho, misterioso e incompreensível na mulher, inexplicável para ela própria e para o homem.

"Pois, no fundo, toda mulher é uma bruxa."

Banimos a vassoura e o gato e também o ato de fazer milagres, o Sabá e os pactos com Satã, mas o mistério ou enigma continua imenso como sempre; nenhum ser vivo sabe qual é o seu destino. Não são os encantamentos de amor de todos os tipos, e o prazer da beleza em todas as suas formas naturais, mistérios, milagres ou mágicos?

A todos os interessados no assunto da influência e capacidade da mulher, este *Evangelho das Bruxas* será valioso por mostrar que estranhos pensadores consideraram a criação uma manifestação feminina, ou partenogênese, de onde nasceu o princípio masculino. Lúcifer, ou a Luz, mantém-se oculto na escuridão de Diana, assim como o calor se oculta ao abrigo do vento. Porém, o regenerador, ou Messias dessa estranha doutrina, é uma mulher, Aradia, ainda que as duas, mãe e filha, confundam-se ou reflitam-se nas diferentes lendas, assim como Jahveh se confunde com *Elohim*.

"Resta a ser dito" – que não são muitos os encontros, ou assembleias, em trajes de Adão e Eva, ou adamitas, prescritos no Evangelho de Magia, se é que existem, e nesse caso foram mantidos por bruxas jovens e velhas, atualmente poucas e distantes, e por feiticeiros veneráveis dos dias de hoje. Pelo menos, não tenho conhecimento desse fato no Norte, ou centro da Itália. Mas entre *roués* (malandros), *viveurs* (folgazões) e mulheres de vida irregular de Florença e Milão – onde não são tão raros quanto os eclipses – tais encontros são chamados de *balli angelici*, ou bailes dos anjos. Na verdade, esses bailes estão longe de ser desconhecidos nas grandes cidades do mundo. Há alguns anos, um jornal dominical, de uma cidade americana, publicou um relato detalhado dessas "casas de baile" no local, afirmando que os bailes ocorriam com muita frequência, o que mais tarde foi verificado, a meu pedido, por homens familiarizados com eles.

Um ponto muito importante a todos os que consideram relevantes os achados ou as descobertas de antigas tradições é que um estudo profundo e extenso das tradições das bruxas italianas por mim colhidas, bem como a comparação dessas tradições entre si, e de seu todo com os pontos de semelhanças nas obras de Ovídio e outros mitólogos, leva à convicção (que algumas poucas vezes cheguei a expressar) de que nesses registros tardios há muitos remanescentes bastante valiosos da antiga sabedoria latina ou etrusca, com toda a probabilidade de serem poemas completos, contos e invocações herdados da língua antiga. Se isso for *verdadeiro*, e cair em mãos de estudiosos que os leiam com interesse, então, com toda a certeza, se procederá a um exame crítico bem como à verificação do que existe de antigo nesses textos, descobrindo-se as maravilhas da tradição que ainda perduram.

Que até hoje as bruxas formem uma sociedade, ou seita secreta fragmentária a que chamam Antiga Religião, e existam aldeias inteiras na Romagna onde as pessoas são completamente pagãs, e quase completamente dominadas por *Settimani* ou "crianças de sete meses", pode-se ler no romance de mesmo nome, como também em inúmeros artigos publicados em revistas para mergulhadores, ou confirmado por meu conhecimento pessoal. A existência de uma religião supõe uma Escritura, e nesse caso pode-se admitir, quase sem rigorosa verificação, que o *Evangelho das Bruxas* é realmente um trabalho muito antigo. Assim, transparece muitas vezes que a tradição foi registrada oralmente, ou seja, a velha mulher repete palavras ou sentenças, capítulos inteiros, sem entendê-los completamente, mas foi assim que os ouviu e aprendeu. Deve-se verificar uma possível correlação como também proceder-se à comparação com outros contos e textos. Porém, se efetuada uma consideração cuidadosa e com olhos críticos, ou com rigor, mas de forma imparcial, ninguém será capaz de resistir à convicção de que o *Evangelho das Bruxas* se trata de uma obra possivelmente traduzida de algum trabalho latino primitivo, ou tardio, pois parece mais provável que toda fé sólida tenha seu registro. Há literatos entre os párias da Índia; houve provavelmente muitos entre os servos da Lua, ou adoradores noturnos de *Diana*. De fato, não me isento da esperança de que a pesquisa ainda revele em escritos heréticos ou místicos de algumas eras obscuras, e há muito esquecidos, paralelos de muitas passagens nesse texto, se não em seu todo.

No entanto, leitor, alguns anos mais e tudo terá desaparecido dentre os italianos com o advento do jornal e da ferrovia; até mesmo uma nuvem ligeira é conduzida pela ventania, ou se desfaz como flocos de neve num lago. As antigas tradições estão desaparecendo com tão incrível rapidez que posso afiançar (com toda a certeza e autoridade) – e de fato posso ver por mim mesmo que agora a ninguém seria possível obter o material que colhi ou registrei há dez anos na Romagna Toscana, contando com um auxílio excepcionalmente habilidoso, pois já não existe, salvo nas lembranças de alguns poucos bruxos que estão desaparecendo, sem deixar traços. Estão partindo devagar – devagarinho – até sumir; de fato, muitas vezes penso que, mesmo velho como sou (e estou 12 anos além do limite extremo de idade avançada, segundo a definição do Duque de Marlborough em sua defesa), ainda viverei para ouvir o pregão do leiloeiro Tempo lançando o último bruxo latino verdadeiro para a Morte! É bem possível que ele ainda esteja fazendo suas checagens no exato momento em que escrevo. As mulheres, ou bruxas, por terem mais vitalidade, sobreviverão um pouco mais – pelo menos na forma tradicional; no que se refere ao desenvolvimento inato de bruxaria e costume puro, sempre teremos bruxas ao nosso lado, ainda que precárias – até chegar o momento em que juntos queimaremos rapidamente na fogueira.

É de se notar, porém, até para os mais obstinados, que grande parte da antiga tradição tenha sobrevivido com mínima alteração entre os camponeses. Porém, as lendas e os encantamentos nas famílias de bruxas hereditárias têm mais probabilidade de sobreviver que os estilos na arte; no entanto até mesmo estes vêm sendo conservados há 2000 anos. Assim, como E. Neville Rolfe escreve: "O falecido Senhor Castellani, que foi o primeiro a reproduzir com fidelidade as joias encontradas nas tumbas da Etrúria e da Grécia, estava convencido de que deve ainda existir alguma sobrevivência dessa antiga e primorosa profissão em algum lugar na Itália. Consequentemente, ele procedeu a uma diligente busca... e dentro e fora da aldeia descobriu ourives que faziam ornamentos para os camponeses, o que em sua qualidade peculiar indicava uma forte sobrevivência da arte etrusca primitiva".[33]

33. Sou aqui lembrado por uma estranha coincidência de que redescobri a arte muito antiga e perdida dos chineses de como fabricar garrafas ou vasos, nos quais inscrições, etc., apareciam quando cheios de vinho; comuniquei a descoberta imediatamente ao irmão do senhor Castellani; em presença de Sir Austin Layard, enviado por ele com o objetivo de ouvir e julgar a descoberta. O senhor Castellani disse ter ouvido falar

E, nesse ponto, cabe a observação de que onde escrevi de forma talvez um pouco mais amarga sobre a indiferença dos estudiosos com relação às curiosas tradições preservadas por magos e bruxas, me refiro a Roma e, em especial, ao Norte da Itália. *G. Pitré* fez todo o possível para um só homem no que diz respeito ao Sul. Depois de escritos os capítulos anteriores, recebi o *Naples in the Nineties*, de E. Neville Rolfe, B. A., no qual um interesse profundo e inteligente pelo assunto embasa-se em um extenso conhecimento. O que será particularmente interessante ao leitor do meu livro é a quantidade de informações que o Sr. Rolfe apresenta referente à ligação de Diana com a bruxaria, e quantos de seus atributos se tornaram os da Madona. "O adorador de Diana", diz ele, "prevaleceu de modo muito amplo... tanto assim que, quando o Cristianismo substituiu o paganismo, uma grande parte do simbolismo pagão foi adaptada aos novos ritos, e a transição do culto de *Diana* para o da *Madona* deu-se de modo relativamente simples." O Sr. Rolfe fala da chave, da arruda e da verbena como símbolos de Diana; de todos estes tenho encantamentos, aparentemente muito antigos e identificados com Diana. Com frequência, encontrei arruda em casas de Florença, sendo-me presenteada como especial distinção. Fica sempre escondida em algum canto escuro, pois levar um pouco de arruda é levar embora a sorte. A rã de bronze era um emblema de Diana; daí o provérbio latino: "Quem ama uma rã a considera

desses vasos chineses, e havia antes considerado a história uma fábula, ou impossível, mas que podiam perfeitamente ser fabricados pelo meu processo, acrescentando, entretanto, que seu custo seria muito alto e, portanto, não seriam lucrativos. Admito que tenho pouca fé em artes perdidas além da recuperação. São descritas em meu livro (não publicado) sobre *Hundred Minor Arts*.

como Diana". Ainda recentemente, a rã foi transformada em amuleto. Tenho diante de mim uma rã que serve como peso de papel. Há também um encantamento para a rã.

Em todos esses aspectos, o Sr. Rolfe confirma inconsciente e implicitamente o que escrevi, e o mais notável neste meu trabalho é que os bruxos na Itália constituem uma classe distinta, e ainda exercem grande poder em Nápoles e na Sicília, e possuem documentos mágicos muito curiosos bem como gráficos cabalísticos, um dos quais (familiar aos que os viram em livros dos magos *Takruri* e árabes, no Cairo) ele apresenta. Provavelmente são originários de Malta. Portanto, não parecerá tão surpreendente ao leitor que este *Evangelho das Bruxas* tenha sido preservado, mesmo na forma apresentada nesta obra. No entanto, de fato não possuo, nem vi, um *velho* Manuscrito, mas tenho plena certeza de que foi escrito no passado, e ainda é repetido oralmente em vários locais, em partes separadas.[34]

Seria muito gratificante para mim que aqueles que tenham em mãos esse livro, e possuam informações que confirmem o seu conteúdo, tenham a delicadeza de transmiti-las ou publicá-las de alguma forma, para não se perderem.

34. Em trabalho bem recente dos Srs. Niceforo e Sighele, intitulado *La Mala Vita a Roma* ("A Má Vida em Roma"), há um capítulo dedicado às bruxas da Cidade Eterna, as quais, diz o escritor, constituem uma classe tão fechada que "talvez o mais romano dos romanos ignore sua existência". É verdade que as *Strege* reais, apesar de não serem meras adivinhas, são muito comuns.

Os Filhos de Diana, ou Como Nasceram as Fadas

Tudo foi criado por Diana, os grandes espíritos das estrelas, os homens em seu devido tempo e lugar, os gigantes antigos e os gnomos que moram nas pedras e uma vez ao mês a cultuam com seus bolos.

Era uma vez um homem pobre, sem pais, porém bondoso.

Um noite, estava ele sentado em um lugar solitário e muito belo quando viu milhares de pequenas fadas, de cor branco-brilhante, dançando à luz do Plenilúnio. "Como seria feliz se pudesse ser como vós, ó fadas!" – disse o jovem, "sem nenhum cuidado, sem precisar de alimento. Mas o que sois vós?"

"Somos raios de luar, as filhas de Diana", respondeu uma delas:

"Somos as filhas da Lua;
Nascemos da luz resplendente;
Quando a Lua emite um raio,
Este toma a forma de uma fada.

E és um de nós, porque nasceste quando a Lua, ou nossa mãe, Diana, estava cheia; sim, nosso irmão, nosso parente, ao nosso bando pertences.

E se estiveres faminto e na pobreza... e tiveres dinheiro no bolso, pensa então na Lua, ou Diana, de quem nasceste, e repete depois estas palavras:

'Luna mia, bella Luna!
Più di una altra stella;
Tu sei sempre bella!
Portatemi la buona fortuna!'

'Lua, Lua, bela Lua!
Mais formosa que qualquer estrela;
Lua, ó Lua, se puderes,
Tragas para mim a boa sorte!'

E assim, se tiveres dinheiro em teu bolso, ele será duplicado.

E as crianças que nasceram na Lua Cheia são filhos ou filhas da Lua, especialmente quando nascem em um domingo, quando a maré está alta.

'Alta marea, luna piena, sai,
Grande uomo sicuro tu sarei.'

'Lua cheia, maré alta,
Um grande homem hás de ser!'

Então, o jovem, que em seu bolso só tinha um *paolo*,[35] tocou-o, dizendo:

"Luna mia, bella Luna,
Mia sempre bella Luna!"

35. Cinco tostões em dinheiro romano.

'Lua minha, bela Lua,
Sempre minha bela Lua!'

E então, desejando ganhar dinheiro, o jovem comprou e vendeu, e o dinheiro que ganhava a cada mês era duplicado.

Porém, aconteceu que, depois de algum tempo, houve um mês em que nada conseguiu vender, e portanto nada ganhou. Assim, à noite ele disse à Lua:

"Luna mia, Luna bella!
Che io amo più di altra stella!
Dimmi perche e fatato
Che io gnente (niente) ho guadagnato?"

'Lua minha, bela Lua
A quem amo mais que outra estrela!
Dize-me por que estou fadado
A nada ganhar este mês?'

Apareceu-lhe então um pequeno elfo luzente, que lhe disse:

"Tu non devi aspettare
Altro che l'aiutare,
Quando fai ben lavorare."

'Não deves esperar que o dinheiro venha a ti,
Nem socorro ou auxílio terás,
Se não trabalhares com afinco.'

E acrescentou ainda:

"Io non daro mai denaro
Ma l'aiuto, mio caro!"

'Dinheiro não te posso dar, que fique claro,
Só posso te ajudar, meu caro!'

Então, compreendeu o jovem que a Lua, como Deusa e Fortuna, muito faz por quem muito faz por si mesmo.

"Come l'appetito viene mangiando,
E viene il guadagno lavorando e risparmiando."

'Como o apetite vem do desejo e da vontade de comer,
Assim também o lucro vem do trabalho e da poupança'.

Nascer na Lua Cheia significa ter mente iluminada, e a maré alta significa um intelecto elevado e um raciocínio pleno. Não basta ter um belo barco da Fortuna.

"Bisogna anche lavorare
Per farla bene andare."
"Ben faremmo e ben diremmo,
Mal va la barca senza remo."

'É preciso remar bravamente,
Se quiseres que o barco se mova.
Melhor farás e dirás, porém o barco
Precisa de remo para navegar.'

E como se diz:

"La fortuna a chi dà
A chi toglie cosi sta,
Qualche volta agli oziosi
Ma il più ai laboriosi."

'A Fortuna dá, a Fortuna tira
E o homem que faz fortuna
Às vezes não é dado ao trabalho,
Mas quase sempre é o que muito trabalha'.

Diana, Rainha das Serpentes, Aquela que Concede o Dom das Línguas

Em uma estranha e longa lenda de *Melambo*, que é um mago e grande médico de nascimento divino, há uma invocação a Diana que merece constar nesse trabalho. O incidente em que ocorre é descrito a seguir:

Um dia, Melambo perguntou à sua mãe por que, tendo sido prometido que ele teria conhecimento da língua de todas as coisas vivas, isso ainda não havia se cumprido. Respondeu sua mãe:

"Paciência, meu filho, pois é esperando e observando a nós mesmos que aprendemos como ser ensinados. Dentro de ti possuis mestres que muito podem te transmitir, se procurares ouvi-los, pois são professores que podem te ensinar muito mais em alguns minutos do que os outros homens aprendem em toda uma vida."

Foi então que, numa tarde, pensando nisso, enquanto brincava com um ninho de jovens serpentes, que um de seus servos havia encontrado no oco de um carvalho, Melambo disse:

"Gostaria de poder conversar convosco,
Bem sei que tendes uma linguagem
Tão graciosa quanto vosso movimento,
Tão brilhante quanto vossa cor."

Em seguida, adormeceu e as jovens serpentes enroscaram-se em seus cabelos e começaram a lamber-lhe os olhos e os lábios, enquanto sua mãe cantava:

"Diana! Diana! Diana!
Regina delle strege!
E della notte oscura,
E di tutta la natura!
Delle stelle e della luna,
E di tutta la fortuna!
Tu che reggi la marea,
Che risplendi il mare nella sera!
Colla luce sulle onde,
La padrona sei del oceano,
Colla tua barca, fatta,
Fatta à mezza luna,
La tua barca rilucente,
Barca e luna crescente;
Fai sempre velo in cielo,
E in terra sulla sera,
E anche à navigare
Riflettata sulla mare,

Preghiamo di dare a questo,
Questo buon Melambo,
Qualunque parlare
Di qualunque animali!"

Invocação da Mãe das Serpentes a Diana

Diana! Diana! Diana!
Rainha de todas as bruxas
E da noite escura,
E de toda a Natureza,
Das estrelas e da Lua,
E de todo o Fado ou Fortuna!
Tu que reges a maré,
Que à noite brilhas sobre o mar,
E lanças tua claridade sobre as águas;
Tu que és a amante do Oceano,
Segue em teu barco em forma de crescente
Barca lunar em teu fulgurante clarão,
Sempre sorrindo no alto dos céus,
Navegas também sobre a Terra,
E te refletes nas águas do Oceano;
Imploramos que concedas teu favor
A este homem adormecido,
O bondoso Melambo,
O grande dom de entender
O que dizem todas as criaturas
Quando conversam!

A lenda contém muitas outras coisas bem curiosas; entre elas, uma invocação ao vaga-lume, a Mefítia, a deusa da malária e uma longa profecia poética relativa ao herói. É evidente que está repleta da antiga sabedoria mitológica latina e de maneira bem acentuada. Tudo isso pode ser encontrado em sua totalidade no futuro trabalho desse autor intitulado *The Unpublished Legends of Virgil*, Londres, Elliot Stock.

Diana, Doadora de Beleza e Restauradora de Força

Diana tinha o poder de fazer todas as coisas, dar glória ao humilde, riqueza ao pobre, alegria ao aflito, beleza ao feio. Não se aflija, se você é seu seguidor, ainda que esteja na prisão e na escuridão, ela lhe trará a luz: há muitos, porém, que ela faz afundar por desejarem subir muito alto.

Havia antigamente, em Monteroni, um jovem... tão feio, Gianni – era este o seu nome – que, quando um estranho passava, ele era apontado... como uma das atrações da cidade. No entanto, apesar de ser horrendo, era rico e, a despeito de não ter uma família, tinha confiança e esperava audaciosamente conquistar e casar-se com uma jovem bonita e de classe.

Tinha vindo então morar em Monteroni uma maravilhosa *biondina*, ou uma jovem loura, muito bela, culta e de posses, a quem Gianni, com sua costumeira imprudência, teve a ousadia de oferecer-se para fazer amor, recebendo como resposta um sonoro Não.

Mas, desta vez, estando mais fascinado do que o normal e sinceramente, pois que certas influências desconhecidas estavam atuando, o jovem ficou possuído ou louco de paixão, de tal maneira que rondava a casa da dama dia e noite, esperando uma oportunidade de realmente precipitar-se em seu interior para sequestrá-la, ou usar de algum truque desesperado para dominá-la e levá-la embora.

Mas, nesse ponto, seus planos foram frustrados, pois a dama mantinha sempre ao seu lado um grande gato que mais parecia ter inteligência humana, e sempre que Gianni dela se aproximava ou da casa, ele o espiava dando o alarme com um terrível ruído. E algo de tão sinistro havia realmente em sua aparência e de tão impressionante em seus grandes olhos verdes que brilhavam como tochas, que até o mais ousado dos homens poderia ser intimidado por eles.

Mas, certa noite, Gianni, refletindo ser uma tolice ter medo de um simples gato, que só assustaria um garoto, arriscou-se corajosamente a um ataque. Assim, dando continuidade aos seus intentos, pegou uma escada, que apoiou na janela da dama. Mas quando ia subir, viu ao seu lado uma velha mulher que passou a rogar-lhe com sinceridade que não perseverasse em sua intenção. "Pois sabes muito bem que a senhora não quer saber de ti; tu és um terror para ela. Vai para casa e olha-te no espelho, e a imagem que verás será a própria imagem do pecado em forma humana."

Então, rugindo de raiva, Gianni gritou: "Faço o que quiser e da minha maneira, sua velha esposa do diabo, eu devia matar-te e a dama também". Dizendo isso, subiu apressadamente na escada, mas, antes de poder abrir a janela ou conseguir entrar, viu-se, lá no alto, transformado em madeira ou pedra, incapaz de mover-se.

Ficou então profundamente envergonhado, e disse:

"Não demora e a cidade inteira logo estará aqui para testemunhar minha derrota. Porém, farei meu último apelo."

Então gritou:

"Oh, *vecchia*! Tu quiseste me avisar com mais amabilidade do que pensei, perdoa-me, eu te imploro, e salva-me dessa dificuldade. E, se é como imagino, uma bruxa e, se eu me tornar um feiticeiro, ficarei livre de questões legais e problemas, rogo-te então que me ensines como fazer isso, e para que eu conquiste a jovem, pois vejo agora que ela é de tua classe, e devo fazer algo para merecê-la."

Gianni viu então a velha mulher levantar-se do chão como o *flash* luminoso de uma lanterna e, tocando-o, tirou-o da escada, e de repente, ora vejam! a luz era um gato, que momentos antes tinha sido a bruxa, e ela disse:

"Em breve empreenderás uma longa viagem, e em teu caminho encontrarás um cavalo imprestável, quando então deverás dizer:

Io vi scongiuro
Di dare un po di bene,
A quella povera bestia!'
E poi si trovera
Una grossa capra,
Ma un vero caprone,
E tu dirai:
'Bona sera, bel caprone,'
E questo ti risponderà
'Buona sera galantuomo
Sono tanto stanco, io
Che non mi sento
Di andare pid avanti.'
E risponderai al solito,
'Fata Diana vi scongiuro,
Di dare pace e bene
A questo caprone!'

'Fada Diana! Fada Diana! Fada Diana!
Eu te conjuro a fazeres algum bem
A esse pobre animal!'
Em seguida, encontrarás
Um grande bode,
Um verdadeiro bode macho,
E dirás:
'Boa noite, belo bode!'
E ele responderá:
'Boa noite, belo senhor'!
Estou tão fraco
Que não posso ir adiante.'
E tu responderás como de praxe:
'Bela Diana, Eu te conjuro
A dares alívio e paz a este bode!'

"Em seguida, *nós* entraremos num grande saguão onde verás muitas belas senhoras que te tentarão com seu fascínio; porém tua resposta para elas deverá ser: 'Aquela que eu amo é de Monteroni'."

"E agora Gianni, ao cavalo: 'Monta e parte!'"

Ele montou então no gato, que partiu veloz como o pensamento, e encontrou uma égua, e sobre ela proferiu o encantamento, ela então se transformou em uma mulher, e disse:

"Em nome da Fada Diana!
Que te tornes desde já
Um belo jovem,
De tez vermelha e branca,
Como o leite e o sangue!"

Depois disso, encontrou ele o bode, e da mesma maneira o conjurou, e lhe respondeu:

"Em nome da Fada Diana!
Que te vistas mais ricamente que um príncipe!"

Assim, quando entrou no saguão, foi cercado de atenções das belas mulheres, mas sua resposta aos galanteios recebidos era sempre que seu amor era de Monteroni.

A partir desse momento, ele nada mais viu e de nada mais teve conhecimento, só que, ao despertar, encontrava-se em Monteroni e havia se transformado em um belo jovem que ninguém conhecia.

Assim, casou-se com sua bela senhora, e todos viveram a vida oculta das bruxas e bruxos daquela época, e agora se encontram na Terra das Fadas.

Nota: Como curiosa ilustração do fato de que a fé em Diana e em outras deidades da mitologia romana, ligadas à divinação, ainda sobrevive entre os italianos "do povo", posso mencionar que, após este trabalho ter ido para o prelo, comprei por dois soldos, ou um centavo, um folhetim de contos onde se mostra como, por meio de um processo de conjuração, ou evocação e números, não apenas Diana, mas 39 outras deidades podem ser chamadas para responder a certas perguntas.

Provavelmente o texto foi extraído de algum antigo manuscrito, pois se diz ter sido descoberto e traduzido por P. P. Francesco di Villanova Monteleone. Divide-se em duas partes, uma intitulada *Circe* e a outra *Medea*.

Como é um trabalho que precisa de ilustrações, Circe é apresentada como uma mulher velha e muito feia em trajes bem modernos com xale e uma touca com fitas. Ela tem na mão um castiçal comum. É a imagem bem idealizada de uma adivinha comum, e é bem provável que as palavras *Maga Circe* sugiram nada mais nada menos que a pessoa que "compôs" o livro. A figura de Medea, no entanto, está bem correta, até artística, representando uma feiticeira que conjura um banho mágico, e provavelmente foi extraída de alguma obra de mitologia. Isso é muito típico da Itália, onde se mesclam as mais grotescas e modernas concepções de temas clássicos com grande parcela do que é exato e belo – do que realmente esta obra oferece muitos exemplos.